当今企业之间的竞争，早已超越了产品竞争、品牌竞争和营销竞争，趋向于更高层次的商业模式竞争。

蜥蜴团队
创造力&执行力

商业模式
三十余家企业成功上市之道

在过去11年对各行业洞察、研究中，我们惊奇地发现：以前所未有的规模和速度跻身中国最成功企业之列的企业无一不是因为商业模式的创新而重获机遇、脱颖而出，成为引领行业发展的先行者。今天，只有1%的企业家意识到商业模式的价值，并行进在决胜的征程中，而99%的企业家依然没有意识到“模式驱动”对行业带来的彻底改变。

三大核心业务，助您成为下一匹行业黑马

■商业模式策划　■品牌体系规划　■整合行销推广

助您创造高端化机会

任何一个产品类别，永远有成就高端化的机会，如酒中有“茅台”、箱包有“LV”、手表有“百达翡丽”。高端是一种战略，以成功打造“无量臧泉”、“露露国芝香杏仁油”、“美丽岛老花镜”等高端领导品牌的实战真经，帮您从拼品质、拼价格、拼渠道、拼促销转向品牌竞争，从默默无闻到高端品牌的代言者。

助您实现高绩效成长

拥有一支多年为国内知名企业提供商业模式策划的团队，致力于研究全球最先进的商业模式案例以及为中国本土商业公司创建和重塑商业模式，从根本上解决企业在运营和发展过程中遇到的瓶颈问题，帮助您打造高成长基因，促进企业规避竞争、高效发展。

助您达到持续性盈利

独创“商业模式太极图”、“零核领导”、“灵犀管理”、“企业货币”、“行业漂移”、“超限营销”、“品牌加速”等系列具有指导价值的理论总结和实战经验，颠覆行业传统营销模式，为您提供多点盈利和持续盈利的解决方案，保障企业利润持续、高速增长。

助您成为行业内老大

辅助30余家企业在美国、韩国、中国香港、中国内地等地上市，拥有对600余家企业或产品进行商业模式策划的成功案例，3个月内从零开始为您建造一道高不可攀的竞争壁垒，系统帮扶您解决模式、品牌、推广和终端动销的问题，创造更多的客户，赢得成为行业领导者的市场机会。

相关书籍推荐：

《可怕的商业智慧》：立足商业模式构筑的理论，以“免费、升级、虚实”三大战略作为基础，解密模式创新的本质。不仅为企业实现品牌价值升级提供利器，也为企业提供了多点盈利及持续盈利的颠覆性经典示范。

《大案揭秘——影响与改变十大行业》：揭示析易国际缔造十大行业品牌领袖的策划奥秘，好记星、如烟、永业、乐无烟等在激烈竞争中如何获得市场机会，又是怎样在充满不确定性的宏观经济下依然保持增长性盈利并获得高速成长！

北京 010-64840106/13261883388
地址:北京朝阳区高井文化园8号(东亿国际传媒产业园)5号楼4-5层
http://www.ce-team.com E-mail:xiyituandui@vip.sina.com

品牌有染

企业领导者必读的商业策略

何坊◎著

析易国际/蜥蜴团队　市场经济时代成就品牌的第一法则

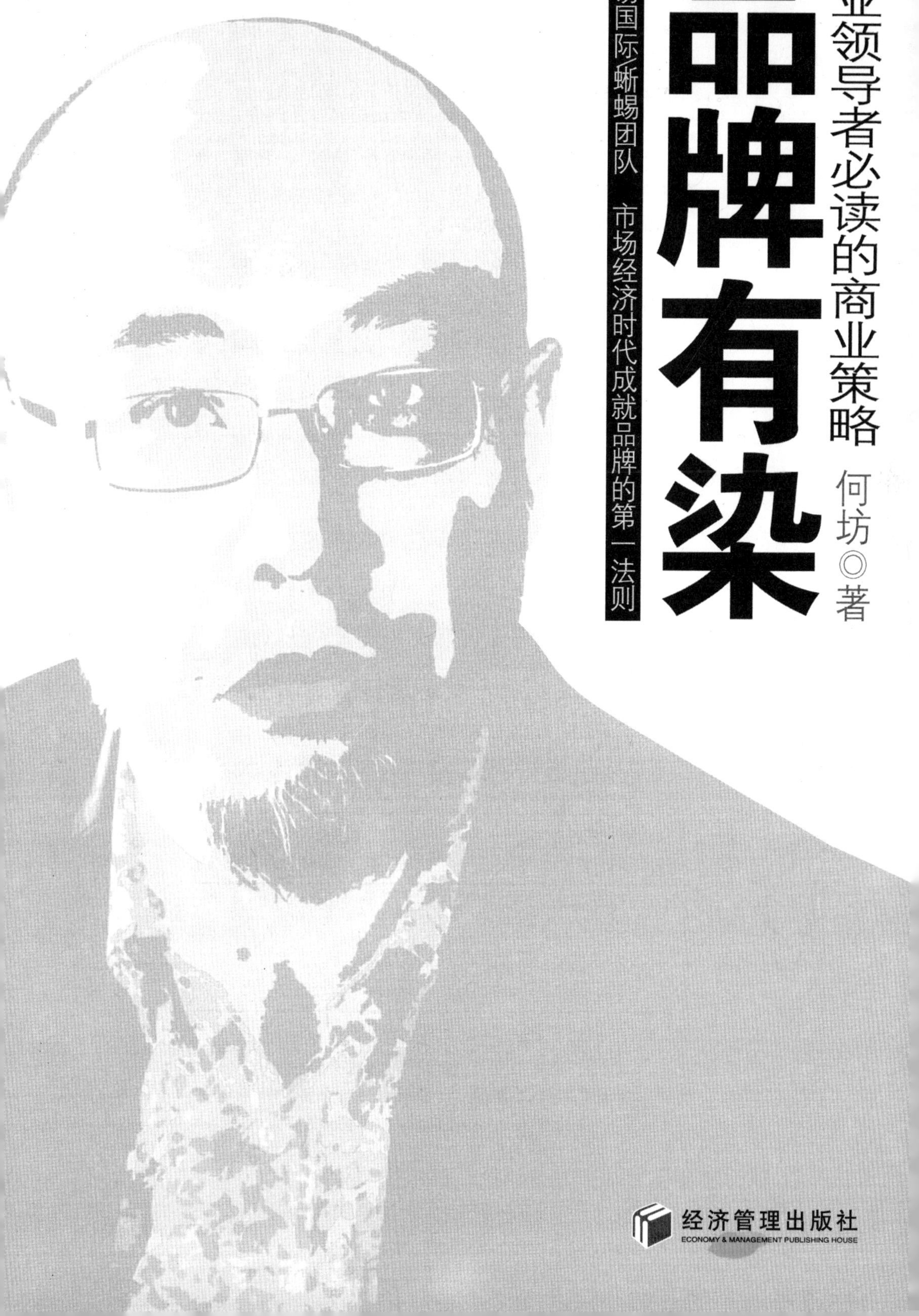

图书在版编目（CIP）数据

品牌有染：企业迅速崛起的奥秘/何坊著. —北京：经济管理出版社，2012.5

ISBN 978-7-5096-1862-2

Ⅰ. ①品… Ⅱ. ①何… Ⅲ. ①品牌—企业管理—研究 Ⅳ. ①F273.2

中国版本图书馆 CIP 数据核字（2012）第 070411 号

出版发行：**经济管理出版社**
北京市海淀区北蜂窝 8 号中雅大厦 11 层
电话：(010)51915602　　邮编：100038

印刷：三河市延风印装厂　　经销：新华书店

组稿编辑：勇　生　　责任编辑：勇　生
责任印制：杨国强　　责任校对：李玉敏

787mm×1092mm/16　　17 印张　　222 千字
2012 年 6 月第 1 版　　2012 年 6 月第 1 次印刷
定价：38.00 元
书号：ISBN 978-7-5096-1862-2

序一

咨询策划的新开端——商业模式咨询策划

——2011年析易国际年会讲话摘录（代序）

咨询策划是方案的提供，更是方法的输出。

在过去的几年里，析易国际/蜥蜴团队在帮助客户创造价值的过程中，十分强调并努力实现这一点。目的很明确，或为方案得到理解以利执行，或为合作得到响应以利成功，或为认知得到提高以利生态。

自从2004年由实力传播赞助出版、风靡业内、影响深远的中国第一套医药保健品营销实战系列丛书之《实战真经》、《招商必读》、《营销内参》，以及2005年出版中国第一本有关会议营销的《会议营销》以来，转眼间8年过去了，我们收获颇丰却述而不作，再没有一本著作出版。

但思考在道中发生，探索在术中继续。

通过对"东方三经"——《道德经》、《易经》、《黄帝内经》的粗略研习，对宇宙规律与社会现象有了更多的体悟，对企业经营与管理有了更多的认识，对模式与品牌的策划有了更多道的思考与术的掌握。我们经常用的口头禅是"这就是道啊"，或者"道生一，你的一在哪里"，"道是和谐共生，在你的模式中，相关利益者都得到好处了吗"。

我们正站在咨询策划业历史的新开端。这个新开端就是咨询策划已无可阻遏地升级进入鸟瞰全局的商业模式时代，品牌或定位必须在商业模式的框架中去确立；营销或推广必须在商业模式的系统中去衡量；价值创造必须让所有参与者都利益均沾，并持续保有各自的利益。

请记住我的话，有一天我们将因为曾站在时代的这个前沿而感到自豪、骄傲。在过去3年里，甚至过去10年里，我们大家穿越了一片沙漠，筚路蓝缕，终于来到大海之滨。在此期间，有人一骑绝尘，有人中流砥柱，有人像保龄球一样被击倒。但今天，我们来到海边，这里已经准备好了材料与工具，一艘大船正等待着我们建造。我深信不疑，新大陆已经在远方深情地盼望着我们大家。

我们的人生理念是努力打好手中的一把烂牌。

如今，我们确信手上多了几张好牌。我们投资的“打勾网”将是中国第一个商业模式评测的网站；我们的“咨询式培训”的“商业模式课程”将会是未来几年中国最热门的课程之一；我们将把探索中的思考、总结进行整理，并将出版三本书，即《品牌有染——企业迅速崛起的奥秘》、《可怕的商业智慧》、《大案揭秘——影响与改变中国十大行业》。有染，指一方被另一方所吸引，对其所吸引的程度非常之深，并相互融合。在《品牌有染——企业迅速崛起的奥秘》中，我们提出了“有染第一、公关第二、广告第三”的观点和实现的路径。在《可怕的商业智慧》中，我们洞察到“免费、虚实、升级”是天下无敌的商业模式的法宝。在《大案揭秘——影响与改变中国十大行业》中，我们对从业十余年来所参与或操作的重大项目（哪个同行有我们这么多堪称经典的案例）重新审视，并从商业模式的视角重新解读。相信这些潜心钻研、精心总结的著作的出版，将会对中国的咨询策划行业和中国企业的发展有所贡献。

过去3年，我们有三个改变：一是我们聚焦于商业模式咨询策划，区别于那些商业模式培训公司，并成功地开始了实操，因此才会讲“我们正站在历史的新开端”。二是我们已深刻认识到并正在做到从项目运作导向到战略导向，这个战略就是商业模式咨询策划，为了实现这个战略，我们革除项目小组作业制，大力推进“职能部门化”建设和“头脑风暴”作业方法。三是核心团队的稳定性已恢复到了创业初期水平。这说明我们又找回了创业时的激情，找到了人才培养的节奏。尤其重要的是，对于人才作为最重要资产的咨询策划行业，我们已打造出一流的作业团队。但有所不同的是，在过去的10年，我们主要培养战士和将军，而在未来的10年，我们将主要培养将军与元帅。

伟大的马文·鲍尔，差不多在1933年30岁时进入麦肯锡，到1967年卸任董事长和总裁职务，共计34年，把麦肯锡从18人扩大到500人。曾有两三百位麦肯锡人出任过世界500强的CEO或总裁。人们评价他说，“马文总是能把问题搞定”。说起他，因为他是我的榜样。这个榜样虽不可企及，却是一个巨大提醒：我不能把问题搞定，我们能否搞定？我是否能把析易的规模用24年做到500人？我做不到，我们能否做到？我、我们能否做到老、中、青三代人德才兼备、德艺双馨、德高望重地考察目标？

中国的企业家，当一部电梯向上飞升时，在电梯里面你是做伏卧撑还是仰卧起坐，电梯升到上面的哪层都与你的能力无关，选择比能力更重要。了不起的是，别人选择了只能到达10层的电梯，你选择了能到达100层的。做咨询策划是导师，指导你进行选择。甚至像一个电梯，总是把别人送到上面去。

商业模式是战略，也是战略的实施。这是市场经济时代解决商业问题的终极系统。

商业模式是万米高空，其他的只是十米、百米、千米高空。商业模式咨询策划是全景式的，其余的是以点带面的。我们站在中国咨询策划业历史的新开端，是因为我们亲自参与并创造了这个开端。

我们改变了客户，更改变了自己。所有的改变若没有带来成功，也必须带来成长。对此，我再提醒大家，你可以用正确的方式或者错误的方式，但绝不能用白痴的方式工作与学习。

析易国际/蜥蜴团队就要搬新家了，欢迎光临！

何 坊

2012 年 3 月 12 日

序二

丰盛“大餐”，忘我“饕餮”

有个故事讲，一把坚实的大锁挂在大门上，铁杆费了九牛二虎之力也无法将它撬开；而钥匙来了，瘦小的身子钻进锁孔，只轻轻一转，大锁就“啪”的一声打开了。同样是工具，结果却是天壤之别。

回想2004年时，析易国际/蜥蜴团队（以下简称：析易）何总出版了《实战真经》、《营销内参》及《招商必读》三部著作。它们作为营销指导工具，曾帮助众多营销人轻松打开了诸多市场的大门。

接着又相继出版了《会议营销》、《蜥蜴营销》两部著作，很快它们也成为许多老板的案头必备。据了解，这些书还成为有些老师授课时的教材及许多研究生毕业论文大量引用的素材。忆及当初影响及盛况，兴奋之情至今难以言表。

除了几部诗集外，何总已有六七年没有出版营销、品牌等相关方面的书，因为身兼策划家、天使投资人及析易架构师等角色，他确实非常忙。岁月飞逝，这些年，无论是何总个人还是他率领的团队，都取得了令人瞩目的业绩。尤其在商业模式研究和品牌策划方面，锐利的目光、独到的见解和深厚的策划功底，令慕名拜访析易的客户心生向往，并多次表示“何总的智慧若不呈现出来，对企业家或是营销人确是巨大损失”。为了企业家或营销人能够早日安全地到达罗马，也为了不给自己留下人生遗憾，年近半百的何总重新开始了著书。

IBM第九任（现任）CEO罗睿兰说：“我不相信必然，从不认为事情必然是怎样，结果必然是怎样。不管你身处何种行业，最后总会逐渐商品化，因此，你必须坚持向更高的价值领域迈进，乐于改变。”

“乐于改变，向更高价值领域迈进”，今天，生逢这个时代，是营销人的幸运。在新经济浪潮推动下诞生的自媒体，让每个人都有机会成为公众关注的“明星”；对于营销人来说不得不变，因为顾客更崇尚消费主权。面对时代带来的挑战，析易国际一直在为企业创建优势品牌、确立商业地位、探索“求新求变”的途径，在成就了众多企业的同时，也将11年积累的快速构建品牌的有效策略、方法通过真实案例演绎，创作了这部《品牌有染——企业迅速崛起的奥秘》，供企业家品味“饕餮”。

既然是多年厚积薄发的“大餐”，当然“美味”不止一部。

第二部著作是何总关于商业模式的研究成果，也是析易近3年商业模式实战经验的总结。新推出的《可怕的商业智慧》，是在新环境下，即在互联网为标志的商业环境下，对企业发展模式的思考。在本书中，重点研究了如何通过“免费”策略占领未来；如何开发、打造虚拟价值，使企业效益最大化；如何不断用升级策略，把顾客死死黏到企业搭建的平台上。本书非常麻辣，观点直透身心。

一直站在商业潮头的析易，从整合营销、品牌规划到商业模式策划，帮助上百家企业实现从零到亿元的资本积累，辅助30余家企业在国内外成功上市。其中最引以为豪的是“影响与改变中国十大行业”，预知析易是如何化腐朽为神奇，重新改写行业秩序，引发产业革命，就不可错过《大案揭秘——影响与改变中国十大行业》，它是析易11年成功缔造传奇大案的轨迹的详细记录，定会让你茅塞顿开。

新营销教父赛斯·高汀说：“成功的关键在于独树一帜——成为一群花牛中

的紫牛。”何坊先生就是这一理论的最佳范例。他是营销策划界的一代宗师、畅销书作者、人气高涨的营销顾问、最受追捧的演说家、成功的企业家、令人肃然起敬的天使投资者。现集多年修炼之功力，为读者推出三部著作，相信会在营销策划界再一次掀起热潮。

析易国际首席运营官　王崇阳

第一章 市场经济下的品牌有染之道

品牌有染：新生品牌加速崛起的奥秘

世界上，哪家公司被媒体报道最多？根据著名媒体公司 Carma 的调查，是微软。

微软从诞生到崛起，不过 25 年的历史。作为一个新生品牌，它已经与世界最有价值的百年品牌——可口可乐不相上下。根据全球最大的综合性品牌资讯公司 Interbrand 的估算，微软的品牌价值至少值 650 亿美元。

到底是什么原因使得微软迅速崛起？

大部分人想当然的答案是：无非是依靠公共关系或广告成功的，在今天这个时代，不做广告，不搞公关，就无法塑造一个品牌。然而，事实果真如此吗？

在过去的 25 年里，微软从未推出一则电视商业广告。因为比尔·盖茨深知，单凭广告和公关的力量无法塑造一个伟大的品牌。既然如此，微软崛起的秘密是什么呢？

一、微软是这样“染”出来的

1995年3月，以红、黄、绿三色旗样为品牌标识的Windows 95试行版横空出世。一时间，人们的视觉和听觉完全被挤占！

当时，微软对外宣称将于同年的8月24日零点，在全球同步投放Windows 95正式版。该版本支持12种语言，而中文、日文等其他17种语言的版本也将在年底之前相继上市。这就是所谓的“午夜攻势”。

这种攻势沿袭了两位世界级天王巨星——迈克尔·杰克逊和麦当娜的惯用套路：在午夜时分发售新专辑，惹得粉丝们远道而来，在深夜不顾寒冷地排队等候。奇怪的是，粉丝们的热情不但不削减，反而更加狂热。正因为如此，微软才选择在深夜举办声势浩大的首发仪式。由于在之前的5个月内吊足了购买者的胃口，当Windows 95正式“驾临”的那一刻，全世界都予以瞩目。

据微软的一位高官回忆，当时，Windows 95一出场便光焰四射，那些笼罩、烘衬它的灯火是如此璀璨斑斓，以至于遮蔽了天上的繁星。那一刻，仿佛存在物质文明的地方，皆被Windows 95那摄人魂魄的光芒所点亮，在场之人无不心向往之，如醉如痴！

紧接着，微软与美国媒体进行深度合作，围绕着Windows 95策划了一系列全方位的跟踪式采访，并掀起一场关于Windows 95和PC未来“谁主沉浮”的论战。在热烈的气氛下，全球各大媒体纷纷闻风而动，在它们的推波助澜下，Windows 95被成功地塑造成改变世界、改变生活的伟大品牌，微软也因此一举成名。

赋予一个品牌以极强的吸引力，并与媒体深度合作、共同发力，从而令消费者深深迷恋甚至与其形影不离，这一过程中所有的手段、策略及关系统称为“品牌有染”。

“有染”原指男女有奸情，至今仍被人们广泛使用，但现在其意思变了。如今的“有染”已经成为中性词汇，指的是一方的人或事物被另一方的人或事物所吸引，且吸引的程度非常之深，以至于使双方高度共振、融为一体。因此，“品牌有染”描述的不仅是一个品牌与相关人或事物之间的状态，也形象地表达了达到这种状态所使用的手段、所经历的过程以及两者之间的互动关系。

那么，“品牌有染”到底有什么用？

虽然目前“有染”一词在少数卫道者心目中仍非光彩之事，但是对于一个品牌而言，若能够深深吸引客户或终端消费者，乃至达到“有染”的境地，岂非美事？

析易国际[①] 以为：一个品牌要想快速提升其知名度与美誉度，最佳手段非“有染”莫属。当一个品牌通过与关键时间、特殊地域、重要人物、具有冲击力的时事或话题等“搭上边”，它才有机会与后者相互影响甚至融为一体，从而使品牌与目标消费群体之间生成一种具有持久吸引力的忠诚关系。

二、品牌有染的重要特征是借力使力

如果说微软的成功归功于关键时间点的把握和热点话题的制造，那么，Linux 的成功则是借助于微软。

“我之所以比别人看得更远，是因为我站在巨人的肩膀上。”——Linux 确确

① 析易国际：原蜥蜴团队旗下多家公司，引进中国咨询业、策划业、投资业重要力量，重组为“析易国际”。重组后的析易国际全面升级服务内容，致力于商业模式创新，提供整体解决方案，帮助客户创造品牌价值，提升销售业绩。

实实地验证了这一真理，因为它的出名正是依靠“与微软搭边”。

Linux 是一款免费的操作系统，其用户可以任意修改源代码，以满足不同的需求。值得一提的是，90%以上的高科技群体都知道 Linux，但由于它从不做广告，所以在该群体以外知名度并不高。对此，Linux 的开发者利奈克斯·托伐尔兹开始与其最大的竞争者——微软“暧昧不清”。

这种做法让微软感到“肉麻”，所以激怒了微软的史蒂夫·鲍尔默。他开始攻击 Linux：“它是一种在知识产权意义上一触及任何东西就长在上面的癌症。”

此言一出，媒体和消费者竞相揣测：Linux 到底是何方神圣，竟让堂堂微软如此气恼？不过无论如何，Linux 肯定是很有实力的产品，否则哪值得微软如此大动干戈？于是，Linux 出人意料地火了。

尽管微软对此嗤之以鼻，但这并不妨碍 Linux 名利双收。Linux 看似与微软“眉来眼去”，其实它的目标是微软的粉丝。就这样，通过借助微软的力量，Linux 成功地渗透到眼里只有微软的消费者，最终得到了行业之外的公众的认可。

市场经济时代，成就品牌首选“有染”

在以“自媒体”为标志的市场经济时代，人人手持话筒，人人都是记者。人们在互联网上发帖子、写博客、发微博、写评论，每一个账号都是一个小小的媒体，提供、分享、评论着所有的人和事物。这些私人化、平民化、自主化的广泛传播为企业打开了另一扇窗，有染也一跃成为成就品牌的最佳方法。

现在，仅凭一条微博就可能损伤品牌的知名度。比如，众所周知的“老罗砸冰箱”，起因就是拥有 120 万粉丝的英语培训机构创始人罗永浩在其微博上称，三年前买的西门子冰箱门关不严，以后再也不买这个牌子了。这条微博即刻被其成千上万的网友转载，并得到了500多名中国西门子用户的回应。

2011年11月20日，因网络维权未果，罗永浩一行人在西门子公司北京总部门前开展暴力维权——现场抡起大锤砸烂了三台西门子冰箱。一个月后，老罗再次召开“西门子冰箱门交流会”，邀请现场媒体及观众再次上演“砸冰箱秀”，现场砸坏西门子冰箱10余台。此时，西门子若承认其产品质量有问题，势必引发一系列的连锁反应，其生产、质检等诸多方面的标准都会轮番遭受质疑，损害固有的良好品牌形象；若西门子坚决不承认其产品存在质量问题或者是沉默不语，便无法给诸多中国西门子用户一个交代，其品牌面临的危机很可能进一步扩大。

事后，德、中两国媒体开始“煽风点火”，促使西门子不得不开展危机公关，试图消除“老罗砸冰箱”事件的负面影响。然而，在这样一个公众生活数字化、全球知识普及化的自媒体时代里，人们在网络上想发言就能发言，西门子采用的传统公关手段反而越描越黑，很快被淹没在群众的汪洋大海里，成为2011年最为典型的公关反面教材。

据此，析易国际得出结论：在市场经济时代，成就品牌的力量绝非广告或者公关，品牌通过更为高效的舆论力量的运作可以产生惊人的效果。震撼世界的北非、西亚地区的大规模反政府社会运动“阿拉伯之春”，[①]其导火索也是一条微博。“老罗砸冰箱”与“阿拉伯之春”共同证明了自媒体时代的一个颠扑不破的真理：个人小愤慨也可以变成全球大风暴。

① 西方媒体所称的“阿拉伯之春”，是指自2010年12月突尼斯一些城镇爆发动乱以来，从突尼斯开始的民众上街推翻政府的运动席卷了阿拉伯世界。

一、品牌有染第一、公关第二、广告第三

从品牌价值提升的效果来看，广告是硬性灌输，常以重金在消费者眼前晃动，所以往往导致品牌在高知名度与低销售额之间彷徨。公共关系是友情，依靠各种专题活动树立品牌的良好形象，但在自媒体如此发达的社会，企业的公关行为只是一家之言，稍有不慎即会遭到负面言论的反击，致使公关成本不断提高，效果却在不断下降。

相对于广告和公关，品牌有染的核心是“搭边”，通过与关键目标建立“你中有我，我中有你”的深度融合，甚至一体化的关系，达到提升品牌价值的目的。那么，有染是怎样唱红一个品牌的呢?

当年，农夫山泉还是无名小卒，仅仅通过制造“纯净水与矿泉水孰好孰坏”的话题之争，便吸引了大批公众的眼球。在与纯净水“一哥”娃哈哈争论的过程中，潜在消费者通过关注或参与事件的走向，不知不觉对农夫山泉产生进一步了解的欲望。在这一了解过程中，消费者的好奇心才可能转化为消费意愿，实现与农夫山泉品牌的融合，这是典型的“话题有染”。

世界著名的香烟品牌万宝路，最初的定位是一种女士香烟，结果市场反应不温不火。为此，万宝路及时做出调整，与粗犷的西部牛仔“有染”，成功塑造了自由、野性与冒险的品牌形象，巧妙地迎合了男性消费群体，使万宝路在众多香烟品牌中脱颖而出，一举成为全球驰名的香烟品牌。这是典型的“符号有染”。

析易国际认为：相对于广告及公关，品牌有染不仅适用于打造新生品牌，也更容易令枯萎的老品牌焕发“第二春”。

二、品牌有染显示出起死回生的力量

提到老品牌，不能不想起老国货。提到老国货，就不得不想起英雄钢笔、海鸥相机、飞鸽自行车、蝴蝶缝纫机、万紫千红润肤脂等老一代中国名牌，对于这些已经逝去多年的老国货品牌，人们心中每每充满着一种难以割舍又难以言说的恋旧情结，因为它们不仅是过去某个时代精髓的缩影，也彰显了中国人在物质匮乏年代的国民精神。说起来，当年这些国货品牌的走红大都依靠广告和公关，那么，这两种手段能不能“复活”这些老品牌呢?

你一定还记得陪伴了中国半个多世纪的解放鞋，那是一种帆布鞋面、透气透湿性很差的黄绿色橡胶鞋。在它自军队蔓延到中国大街小巷的那个时代，另外一种风靡中国的、高端而时尚的运动鞋与其形成了鲜明的反差——如果说解放鞋相当于现在的地摊货，那么后者差不多就是当今的阿迪达斯鞋了。它就是飞跃鞋。

千万别以为飞跃鞋跟解放鞋、海魂衫一样没有品牌，你可能没有注意过，“飞跃”并非飞跃鞋的名称，它本身就是一个牌子——“飞跃”品牌诞生于 1959 年的上海，距今已有 50 余年的历史。如果你真的误以为飞跃鞋没有品牌、人人得而生产之，这只能说明它在人们心目中已经成为某种象征和经典。

同类型的老国货球鞋还有曾令无数青少年心驰神往的回力鞋。它诞生于 1935 年，当年无论是在外观设计还是营销策划方面，回力鞋都走在国内的时尚前沿：1948 年的上海全运会，回力鞋花大手笔租下一架飞机来宣传新品，轰动了整个上海滩；而在 1984 年的洛杉矶奥运会上，中国女排也是穿着回力鞋夺得“中国第一金”的桂冠。

然而，从 20 世纪 80 年代开始，中国人开始集体地“脱贫致富”，“飞跃”

和“回力”很快与其他一度荣耀无比的品牌一样，逐渐淡出消费者的视线。这也难怪，当人们在时尚的匡威、经典的耐克和充满激情的阿迪达斯中间徘徊的时候，你根本找不到让他们去穿飞跃或回力的理由。

20年的时光呼啸而过，是美人终要迟暮，是英雄难免末路，这两个品牌的球鞋已经从大型商场全面退至批发市场的陈旧货摊，人们几乎将它们彻底忘记。

这时候，一双正宗回力鞋的零售价是12~20元，飞跃鞋则定价25元，而其他不知来自何处的赝品自然就更为廉价。在那些追求衣着光鲜的年轻人心目中，飞跃和回力仿佛是满面皱纹的丑老太婆，非但不宜鉴赏，就连远观也是万万不可的。

但是，偏偏就是有一个法国人巴巴儿地凑上去鉴赏，而且鉴赏得很欢畅。不但鉴赏得很欢畅，他还想把“飞跃”鞋这个“丑老太婆”娶回家焚香供起来。

2005年，酷爱搜集运动鞋、被称为“Sneaker Freak”(球鞋怪胎）的派特斯·巴斯坦（Patrice Bastian）对飞跃鞋一见钟情。他找到已经奄奄一息的上海大博文鞋业有限公司，几番周折之后，拿下了飞跃鞋的海外经营权。面对这个因为“娶了丑老太婆”而欣喜若狂的老外，大博文的工作人员纷纷摇头：这人莫非是发疯了？

然而，2006~2007年，时尚界的权威杂志法国版《ELLE》专门为一个来自中国的、名为“Feiyue”的复古球鞋品牌（即飞跃鞋）四次刊出报道和特辑文章。随后，在面料、款式、外包装和品牌标识等方面经过一系列精心改装的飞跃鞋，在巴黎香榭丽舍大道成功“秒杀”了无数世界级资深时尚界人士，进而迅速地登堂入室，以50~120欧元（500~1200元人民币）的零售价格成功跻身世界顶级运动鞋的行列。

好事似乎总是成双的。2000年，生产“回力”鞋的正泰橡胶厂正式停产，旗下的分厂和研究所也全部关闭。然后，华谊集团收购了“回力”这一品牌，并为之成立了上海回力鞋业有限公司。几年之后，一款名为“Warrior”(勇士)的“回力”鞋出现在纽约的潮铺 A.R.C.里，尽管售价高达 60 美元以上，它仍然在匡威横行的美国年轻消费群体中掀起了一股强劲的中国复古旋风。

时隔 20 年，飞跃鞋与回力鞋终于“再世为人”，它们以全球时尚潮品的姿态强势回归中国主流市场，在中国的时尚达人中间煽起持久而热烈的复古潮流。耐人寻味的是，令它们起死回生、再次艳绝天下的，绝非广告，也非公关，而是品牌有染的力量。

以飞跃鞋来说，它不仅融合了最顶级的销售观念——推出限量版 DIY 手绘帆布新品（这种 DIY 球鞋的创意最早是由阿迪达斯提出来的)，还刻意与风靡西方的中国武术有染——飞跃主推的六大经典产品分别被冠以“少林精神”（Shaolin Soul)、“螳螂”（Mantis Style)、“龙尘”（Dragon Dust)、“猴拳”（Monkey Claw）等名称，使西方人以为飞跃鞋象征着中国的武术精神，不由得心醉神迷。

在其法国官方网站上，飞跃鞋被描述为“7000 年的古老中国历史与现代理念碰撞的产物，自 1920 年诞生于上海开始，下至农民上到高官，不论是足球队员还是少林武僧，中国人几乎人脚一双”，此外，这个网站上还说：“飞跃以其活力、柔韧和舒适，成为中国武道的必备品之一，按照中国传统，Feiyue 意味着向前飞翔。”就这样，被国人视为朽木的国货品牌在欧洲通过一系列的“故事有染”，从老态龙钟的老妪摇身变成了国际大都会中富于异国情调的个性女郎。

令人感兴趣的是，这两个品牌都没有在电视台大做广告，而是选择在《ELLE》等顶级时尚杂志刊登大讲中国故事来进行推广。除此之外，飞跃鞋还采用了典型的“人物有染”策略——邀请当时风头正劲的性感美女、Play Boy 女郎安娜·妮可·史密斯做它的品牌代言人。但是，单凭这些就想火拼匡威并在欧美年轻人心目中迅速建立一个顶级潮人品牌，只聘请一位性感代言人的力度似乎尚嫌不够。

接下来，飞跃鞋很快又发掘出一个绝好的机会：当时在电影《指环王》、《加勒比海盗》和《特洛伊》中风靡万千少女的男星奥兰多·布鲁姆，事业的发展正如日中天，飞跃鞋便选择与这位大牌明星有染，大肆造势。

这一决策是相当明智的。当媒体没完没了地对奥兰多·布鲁姆脚上的“中国鞋”进行讨论时，飞跃鞋借力一举横渡了大西洋——很快人们便惊讶地发现，“飞跃”鞋在撼动欧洲时尚界之后，又成功地扫荡了整个美国演艺圈。

好莱坞明星们对飞跃鞋的宠爱，令它最终彻底征服了目标消费群体——那些追赶时髦、崇尚个性而又喜欢追星的年轻人。征服了欧洲时尚圈，就等于征服了全球时尚界；俘虏了西方的潮人消费者，就等于俘虏了全世界追赶西方潮流的消费者。时至今日，染遍世界的飞跃鞋和回力鞋，又有什么理由不被中国年轻人热捧呢？

飞跃鞋与回力鞋的复兴，在体现有染策略价值的案例中只是沧海一粟。在进军高价值领域的过程中，使用有染策略的品牌既可以小博大，又可强强联手，还可为企业降低成为众矢之的的风险。最值得庆幸的是，不论新老品牌，有染一概通吃。可见，在崭新的新时代背景下，与广告、公关相比，品牌有染作为一种销售手段和品牌塑造方式显然更富性价比。

由此，析易国际认为：“公关第一、广告第二”的时代已经过去，作为提升品牌价值的“高速公路”，“品牌有染”显然后来居上，当今世界的主流品牌营销战略已经发生改变，“品牌有染第一、公关第二、广告第三”的格局正在形成！

第二章　品牌有染的基本策略与方法（上）

与关键时间有染

时间有染是实现品牌有染的关键策略之一，它的核心是使品牌与关键时间点或时间段建立关系。通过与企业选择的关键时间搭上，相互吸引、渗透、影响及融合，也可能成为一体，从而把关键时间点或时间段产生的巨大影响移植到企业的品牌上，引发巨大品牌效应，创造营销“神话”。时间有染方法大致如下：

一、如何选择关键时间

1. 选择稀缺时间。所谓稀缺时间，主要指罕见或盛大事件发生的时间段或时间点。企业应当及时把握时机，以达成迅速发展自身品牌的目的。有些事件多年不遇，但发生很有规律，比如每四年召开一次的奥运会；有些事件出现可谓百年不遇，比如日全食；有些事件具有唯一性，其发生的时间足以载入史册，如中国第一次载人航天飞行。选择这样的时间段或时间点与品牌有染，其效果往往能实现惊人的提升。

2. 节庆事半功倍。节庆时间周期一般是一年，如国庆节、教师节、情人节等。利用这样的时间实施品牌有染，常常也能起到事半功倍的作用。

3. 与企业或品牌自身有关联的特殊时间也值得利用，如企业周年庆、上市时间、销售具有历史性突破等时间。

二、如何与关键时间有染

1. 把关键时间嫁接到品牌命名里。泸州老窖的大部分产品来自于明朝万历年间（即公元 1573 年）的“国宝窖池”，然而只有一款酒通过与“公元 1573 年”这一时间点的融合，塑造了经典品牌“国窖 1573”。

2. 把关键时间融入品牌推广的活动主题里。2009 年 7 月 22 日，中国曾出现 1814~2309 年期间持续时间最长的日全食奇观。这次 500 年一遇的日全食，主要投射在人口最为密集、经济较为发达的长江流域，不仅抓住了十多亿中国人的目光，更吸引了来自世界各地的 4 亿观测者。

这一天，大部分通过网络观赏此次天象盛宴的人们，像看好莱坞巨片之前的贴片广告一般，首先欣赏到的是一幅过目难忘的画面——“公元 2009 年 7 月 22 日，是谁夺日月之光辉？全新一代梅赛德斯—奔驰 E 级轿车，世出荣耀，耀世而出！”

按照梅赛德斯—奔驰 E 级轿车的发布计划，2010 年 7 月正是其筹备上市的最后倒计时阶段。对于 7 月 22 日即将出现的这场天文奇观，公众表现得十分亢奋，一些媒体甚至打出了“全民逐日”的旗号，对此重大事件着力渲染，作为身经百战的专业销售团队，奔驰公司营销部门敏锐地捕捉到E级轿车与日全食之间的微妙关联，赶在日全食前夜，即7月21日的定价上市仪式之前，终于制作完成了这样一条网络广告。

当晚，梅赛德斯—奔驰E级轿车于上海车展进行亚洲首发后，在不到两个月的时间里，奔驰公司至少接到6000张来自中国市场的订单，充分展示出时间有染的巨大魔力。

有人说，正因为梅赛德斯—奔驰有八代经典车型为底蕴，与日全食具有相同的历史感，同时也享有万众瞩目的荣耀，所以只有奔驰这样的经典尖端品牌才敢“与日争辉”，而消费者看了广告也不会感觉过分浮夸。但是我们认为，创意本身与品牌美誉度无关，它只与营销策略有染——将百年难遇的天文现象与一个品牌的内涵快速融合在一起，在获得消费者认可的同时，还能够将这种认可有效转化为商业价值，这正是时间有染的价值意义所在。

3. 将关键时间作为促销的核心缘由。节庆时期的品牌推广大多以此种方法为主，此类案例较为常见，无须赘述。

值得注意的是，在策划时间有染方案时，必须保证关键时间象征的意义与品牌的形象、内涵等相符，即两者之间重在融会贯通，切忌牵强附会，否则将很难在消费者心中烙下清晰的印记。

与特殊地域有染

所谓与特殊地域有染，指企业或其品牌与有独特风格、文化魅力或民族特色等因素的地域搭上、渗透或融为一体，打造具有地域特色的文化产业和民族品牌。

江苏阳澄湖大闸蟹、北京全聚德烤鸭、天津“狗不理”包子等都是有口皆碑的品牌，它们都是通过使品牌与地域名称融合，成为有地域特色的名牌。

如何与特殊地域搭上？如何才能实现渗透、融为一体，从而实现与特殊地域有染呢？

析易国际在为“摩尔农庄”核桃乳做策划时，国内核桃饮品市场主要分为四大阵营：以“养元”为代表的第一阵营，在销量与市场份额方面遥遥领先；“好佳一”后发制人处于第二阵营，凭借原浆概念与快速的招商提升综合优势；“大寨”、“露露”、“完达山”等凭借原有的品牌与渠道优势快速跟进，迅速占领部分市场，处于第三阵营；为数众多的小企业、山寨企业，仅凭低价占领市场份额，处于第四阵营。“摩尔农庄核桃乳”如何才能从产品林立的市场脱颖而出呢？

研究发现，摩尔农庄 34000 亩核桃种植园，生长在海拔 1600~3647 米、平均气温 14℃的云贵高原。

众所周知，高原玫瑰比平原玫瑰更美丽、更香醇。因为滇中区域的日照、气候、土壤等指标特别适合种植玫瑰，是全球屈指可数的几个最适宜的玫瑰种植区域之一。据测定，云南高原玫瑰所含的有效物质和活性成分远远超过平原玫瑰。

高原蜂蜜比平原蜂蜜富含更多微量元素。高原蜂蜜采集山中之百花，其中不乏珍贵花种，营养价值极高，富含维生素、矿物质、氨基酸等微量元素。高原蜂蜜好缘于它独特的地理位置、高原千年净土，没有受任何工业及农药的污染。高原地区降雨量少，紫外线辐射强，日照时间长，昼夜温差大，物种光合作用强，内含活性成分较平原同种植物高出很多。这是高原得天独厚的特性。

高原水比平原水富含更多矿物质。“昂思多”矿泉水水源位于青藏高原海拔 3650 米的玛燕山下，这里天高气爽，空气洁净，风景宜人，水资源十分丰富且水质优良，此泉水是在独特的地质条件下，在地壳数千米以下，沿地层断裂带上升溢出地表形成的一种罕见的低矿化度，重碳酸钙、镁型，富含锶，偏硅酸型矿泉水，其水质甘甜纯净，清澈透明。“昂思多”牌矿泉水，曾被评为“1999 年度上海食品博览会优秀食品奖”，2001 年被评为“青海省著名商标”、“青海省名牌产品”。

这样看来，若使“摩尔农庄”品牌与高原融为一体，“染”成高原核桃，才能充分利用其天然优势，在那些以平原核桃为主的四大阵营国内品牌中脱颖而出。果然，通过“高原核桃”与“平原核桃”的绝对划分，“摩尔农庄”被塑造成代表中国高原核桃的第一品牌，受到市场的热烈欢迎。

与重要人物有染

人物有染的精髓是使自己的品牌与名人、明星、意见领袖或专家等搭上，借助这些重要人物的影响，强化和扩大品牌的知名度与影响力。

20 世纪 50 年代法国白兰地就是通过人物有染开拓性地打入美国市场的。法国的酿酒业历史悠久，白兰地早已享誉欧洲，却一直没能进入美国市场。经过市场调查发现，原来美国人对白兰地一无所知。于是，浪漫的法国人借美国总统艾森豪威尔 67 岁寿辰大做文章，在寿日当天大张旗鼓地为总统送上两桶酿造时间为 67 年的名贵白兰地。通过使白兰地与名人融合，实现有染，从此，美国人把能亲口尝到白兰地视为无上荣耀，白兰地在美国市场畅通无阻，美国人的宴席和家庭餐桌上几乎少不了它的身影。

除了“邀请名人为品牌代言”等常规手段外，析易国际还总结出许多与重要人物有染的方法，其中主要方法之一就是使品牌与当红明星“有染”。

一、与当红明星有染

从1969~1995年近30年时间里，量产平价的服装品牌Gap在美国人心中一直难登大雅之堂。20世纪90年代末，它却已成功跻身世界顶级时装品牌的行列。Gap因何一步登天？答案是与明星有染。

在每一年的奥斯卡颁奖典礼会场上，各大娱乐记者都会格外关注走向红地毯的每一位明星，消费者更会关注每一位明星的衣着打扮，以把握时尚的风向。1996年，以《本能》名声大噪的莎朗·斯通别出一格地穿着一件普通黑色针织衫，窈窈窕窕走在红毯之上。在人们纷纷猜测这是瓦伦蒂诺还是阿玛尼的时候，她却道出自己穿的是Gap。于是，在钦佩莎朗·斯通非凡自信的同时，人们对Gap这个品牌也产生了浓厚的兴趣。他们纷纷走进街头的Gap专卖店，寻觅适合自己的服装，使Gap的营业收入连年高速增长。到了1999年，Gap的净收入高达11亿美元，达到其品牌历史上的巅峰。

二、炒作名人加盟

析易国际策划的服装品牌，就是通过炒作聘请名人加盟，从而与名人有染，引来媒体关注，扩大品牌的影响力。

2011年，析易国际接到一桩服装品牌的策划案子。当时，时尚界刚刚发生了一件堪称本年度十大新闻之一的事件——被称为“时尚鬼才”的法国知名品牌 Dior 首席设计师约翰·加利亚诺因酒后发表热爱纳粹头目希特勒的言论、存在种族歧视嫌疑而遭 Dior 公司解雇。

加利亚诺曾为树立 Dior 品牌形象立下汗马功劳。他颠覆传统、独创一格，尤其在纹路剪裁、斜裁的处理方面，灵活运用了各种现代成衣技巧，为 Dior 推出戏剧化的三大系列——流苏、花边、刺绣，奢华的宫廷气息弥漫，浓郁的女性味道和华丽的色彩完美再现了 Dior 精神。在他的手中，Dior 出落得艳光四射，韵味十足。

这样一位时尚设计天才的下课，着实在世界时尚圈掀起了轩然大波，进而成为中国民众热议的话题之一。基于这种广泛的认知和关注，我们大胆设想：如果能与加利亚诺“有染”，无疑是服装品牌推广的最好方式，可是这两者之间到底有什么联系呢？

加利亚诺作为当今世界服装设计舞台上最耀眼的明星之一，决定了 Dior “高价奢华”的身价。若将其聘请为本品牌的设计师，令每一位消费者以超值的价格享受荣耀奢侈的消费快感，对于大多数消费者来说，恐怕没有比这个更具有吸引力了！但如此大牌的设计师，怎样才能请得动呢？

事实上，这个问题的关键不是能否“引进”约翰·加利亚诺，而是此举无论结果如何，对于品牌推广而言都是一种成功！如果成功请动加利亚诺，收获当然可观；如果洽谈失败，品牌依然可以制造出相当的影响力，如四川民企腾中重工收购悍马失败，引得媒体争相采访并广而告之，一时间名气大增，就是最好的例证。

三、与已故人物有染

《孙子兵法》有一招叫借尸还魂，原意是说已经死亡的东西，又借助某种形式得以复活。名人虽不在，影响还在，甚至继承者很多。通过与其后人合作，与名人实现有染。比如，析易国际在为一个保健品策划时想到，如果能与一个真正的院士级专家“有染”，无疑会极大提升产品价值。可这样的专家不仅合作的成本高，而且大都清高。怎么办？后来我们利用已故名人的办法，发现生前曾为“中国科学院上海脑研究所研究员、所长，国际脑研究组织中央理事会理事，中国神经生理学家，中国科学院院士”的某专家，与其家属签订了合作协议，成功解决了专家背书的难题。

与具有冲击力的时事有染

所谓时事有染，就是主动与那些具有社会影响力的事件及时搭上，进行关联，甚至通过加强合作融为一体。“染”尽时事，“染”尽头条，让所有媒体随你而动。

2010 年是中国营销界时事有染空前爆发的一年。这一年，从冬奥会到广州亚运会，从南非足球世界杯到上海世博会，全球性大事件一个又一个接踵而至，强势闯入中国人的生活。我们的品牌如何与这些全球顶级事件成功有染，成为 2010 年每一个营销人的工作重点。

上海世博会与往届相比，在三个方面打破了以往的最高纪录——参观人数最多、占地面积最大、参展国家和组织最多。它是一场空前盛大的经济盛宴，带领全世界的目光一同狂欢；同时，这也是一场硝烟弥漫的营销大战，5.28 平方公里的展厅正是 58 家赞助商和上千个品牌争艳的阵地。相对于这些凭借一时消费而直接受惠于世博会的旅游、零售、娱乐和餐饮等行业，拥有“赞助商”、

“合作伙伴”等身份的大型企业更为看重所谓的“后世博效应”，即借世博提升品牌知名度，获得长期回报。而通过时事有染参与世博会的中小型企业，在花费较小的前提下，同样完美达成了“后世博效应”。

世博会的社会影响力之大、媒体推荐程度之高、公众关注范围之广，在全球屈指可数。对于企业来说，与世博会此类大事件有染的前提是绝不缺席。

推广也好，冠名也好，赞助也好，首先要将大事件资源搭上，并且融合一体，唯有如此，接下来才能够通过巨大的媒体曝光量提升品牌知名度。

接下来最关键的一点，就是企业需要通过某一新闻事件，来“有染”甚至影响整个大事件的进程、设置以及公众形象等。由于并非所有大事件都适合自己的品牌，所以在这一过程中，企业必须找到最为适合、最为巧妙的楔入点，否则只会弄巧成拙。

此外，像世博会这样为期长达 184 天的长线活动，企业至少应当做出一个为期半年以上的销售计划。若要维持营销周期的同步进行，从北京奥运会的营销经验来看，企业必定在“后营销阶段”后继无力。所以，我们建议企业寻求数个属于自己的关键节点，集中发力，如上海通用汽车一般，将营销爆发点放在“五一”、暑假、“十一”和收官期间，或像麦当劳那样，在世博会前 10 日推出汉堡、零食以及饮料方面的新品，全面覆盖市场。

另外，除了场内营销，析易国际建议：要注重场外有染。像上海通用汽车在组织其用户参观世博和通用位于上海的制造基地、麦当劳要求服务员采用“侬好”等上海方言与顾客进行交谈这样的细节，同样会为品牌形象带来非常好的收益。

与热点话题有染

通过制造热点话题，提高品牌的关注度或实现其他目标，都称为话题有染。作为一种强有力的品牌营销手段，话题有染一直以来都是“超低投资、超高收益”的代名词。

如何与“热点话题”有染呢?

1. 制造热点话题的秘诀就是让话题引起争议。2011 年被誉为平板电脑普及之年！前有改变世界的乔布斯公布平板电脑上市计划给消费者带来的万众瞩目与苦苦期待，后有三星、联想、摩托罗拉等的快速反应，模拟跟进，使平板电脑市场急剧升温，于是，人们高呼：平板电脑的春天来了！

汉王是电子书领域的领导品牌，居中国第一、全球第二（索尼第一）。2011 年，面对平板电脑市场的飞速增长，上市后实力大增的汉王董事会决策，准备进军平板电脑市场。可这时平板电脑市场早已是竞品云集，其中苹果 iPad 更是以无可争议的优势傲视群雄。如何让一个在平板电脑市场知名度接近于零的品牌，异军突起成为业界“黑马”呢?

在析易国际的策划下，洞察目标消费者的需求和产品性能，锁定中国的商务办公人群，将汉王推出的 TouchPad 平板电脑定位于“商务电脑”，在推广策略上采取与苹果 iPad 对立的策略，并举行主题事件活动。

2010 年 5 月 18 日，在新品上市发布会上，通过“砸苹果”的破冰行动，以极低的投入（20 万元左右）赚得了高涨的人气，网络自发引起一场“国产汉王是否能成功调整国际苹果”的热点话题，汉王品牌迅速成为中国平板电脑市场中关注的焦点，品牌知名度迅速提升。

2. 对立话题也是实现有染的好方法。2011 年 10 月，潘石屹开始就乔布斯的逝世施展话题有染。他在微博中说："苹果董事会应该生产千元人民币以下的 iPhone 手机，普及苹果手机才是对乔布斯最好的纪念。"很快，有网友就此回应道："潘总哪天要是去世了，也请贵公司推出 1000 元/平方米的房子吧，十几亿人民都会纪念您。"这一问一答成为网友转发频率极高的笑料，很多人甚至恶搞潘石屹，将潘石屹称为"潘一千"，并建议北京物价局将"1 潘币 = 1000 元/平方米"予以备案。

几日后，潘石屹在微博中发布"潘币"模版，以此向网友征集意见。该"潘币"正面画着潘石屹的大头像，顶部印有"SOHO 中国银行"字样，背面则是 SOHO 中国近期最大在售楼盘"望京 SOHO"的 LOGO 及设计图。

"潘币"一出，谁与争锋！

截至当日 18 时，该微博累积评论 2.1 万次、转发 4.5 万次，不少网友为潘石屹的机变和自嘲精神拍板叫好，也有很多人批评"潘币"涉嫌恶搞人民币，属于违规营销。

不论是否涉嫌违规，潘石屹的"炒作"目的已经达到。而能够在短短几个小时之内，制造一个引起数万人热议的话题的房地产商人，到目前为止，除了潘石屹，中国还没有出现第二个。

潘石屹本人曾笑言："我们家孩子喜欢看唐老鸭米老鼠，我就给他买光盘，然后又是买唐老鸭的卡片、玩具、书包等——单单我们家，在一个虚构的卡通人物上就搭了不少钱，看来人物的影响力是巨大的，我应该不比卡通人物差，干脆我就做唐老鸭吧。"

潘石屹终于还是做成了"唐老鸭"。

他出书、拍电影、写博客、上访谈节目、参加世界性论坛……俨然一代公众典范、媒体红人。我们从各种场合均能从谈笑风生、游刃有余的潘石屹身上看到这个房地产商人从未忽略“话题有染”，其麾下企业也从中得到了极大的回报——潘石屹开发的所有产品均位列京城名盘，并创造了开盘即火暴热销的奇迹，而SOHO中国则成长为北京地区房地产开发商的龙头企业，这就是话题有染的魅力。

第三章　品牌有染的基本策略与方法（下）

唯有故事方动人

故事之于消费者，正如妆容之于女性，它的使命就是化平凡为神奇。故事有染的关键，不仅仅是培养消费者的好奇心，而是如何将消费者的好奇心转化成对产品的兴趣。

2011 年夏天，戴尔在推出的一系列新广告中借鉴了苹果的推广方式，将重点放在与用户的情感联系上，而不再一味地宣传技术细节、凸显产品的优势功能。

在一则广告中，一个十几岁的女孩讲述了她如何用戴尔笔记本电脑与她喜欢的男孩进行视频聊天的过程。在另外一则广告中，则是一位老奶奶讲述着她如何利用戴尔手机与家人进行联系的故事。

这次广告推广计划被称作是“More You”，这些广告的重点并未放在产品配置上，而是希望鼓励用户思考产品功能以及相应的使用方式。很明显，戴尔意识到，要让产品进入消费者心中，与用户开展更多的情感交流非常重要。

事实证明，戴尔这些努力已经见到了成效。由于得益于成本控制和新用户的增加，戴尔消费业务第四财季实现盈利。

既然如此，故事有染的方法究竟有哪些？

1. 与历史搭边，相互交融成一体。这是品牌推广的惯用方法之一，析易国际在为一个粉条加工企业进行故事有染策划时，就采用了此策略。

乾隆八年，康熙皇帝十二子履亲王胤祹微服去房山云居寺礼佛。归来途中，天突降大雨，瞬间浑身湿透，见路边恰有一家小店便走了进去。店家见来客衣衫湿透，牙齿格格发抖，便煮了一碗自制的土豆粉与他。初时王爷又饥又寒，狼吞虎咽一碗粉便下了肚。待放下空碗之际，感觉入口留香，回味悠远。没想到山野小店里竟有如此好吃的粉条，王爷忙唤店家再盛一碗。此时吃得仔细了，发现这粉条不仅口感柔润嫩滑、爽顺筋道，再看碗中粉条根根晶莹剔透、如丝如带，配上几颗雪白青翠的香葱点缀，免不得食欲大增。如此这般连吃三碗，顿觉浑身舒畅起来。

再问店家时，才知此店专以土豆制粉，不论煮、炖、炒、拌，皆不黏不烂、筋道十足、可口异常，附近乡里皆好食之，并称呼为张大粉坊。王爷闻之，静思片刻，曰：张大之名，呼之不响，言之不亮，今日本王遇雨得以尝之，岂非顺应天意？再者，此粉之味道冠绝顺天（北京），当名“顺天”二字冠之。王爷赐名的事传开，从此，顺天府的大小饭店都开始把这店家的豆粉视为菜肴的必备原料之一。

这样与历史有染、塑造品牌故事的案例很多，比如五粮液得名的故事是这样讲的：1909年的一天，举人杨惠泉在一次社会名流的家宴上，喝到一种用五种粮食酿造的美酒，细品其味、静观其色感慨道，如此佳酿称为“杂粮酒”实属不雅。此酒集五粮之精华，何不更名叫“五粮液”。众人闻之，拍案叫绝，独具特色的“五粮液”从此得名。为了让故事有染深入人心，五粮液集团还在厂内“酒文化博物馆”和世纪广场为杨惠泉立了汉白玉塑像。

2. 融合企业当家人的故事，把它提炼成传奇故事，也是常用策略。比如，五谷磨房的品牌故事是这样讲的：几年前，五谷磨房的创始人桂女士生了一个白嫩可爱的小女儿，有八斤重，非常健康可爱；但是头发却一直比较稀少，桂女士非常着急。 桂女士母亲告诉她，怀孕期间妈妈的营养补充，直接关系到孩子的健康全面成长。虽然宝宝出生了，但现在补充营养也并不晚。因为膳食被吸收之后，营养依然可以通过母乳来补给孩子。

在年过六旬的母亲的指导下，桂女士开始将芝麻、核桃、黑米、黑豆等炒熟后磨成粉，每天早上用开水冲服，而这些美味可口的东西也成为全家人的营养早餐。她发现怀孕时没胃口吃的东西，现在吃起来却很香，营养通过母乳的方式源源不断地传递给女儿，女儿的头发也跟着一天天浓密起来。原来中国传统的药膳食品，才是保健补给的最好良方！

从此，桂女士迷上了中国传承了五千年的养生文化，以网络、书籍、中医专家为师，广泛地汲取传统中华养生智慧，并自身成为中华养生食品的实践者，从中体验到了传统药膳食材的好处。在业界享有盛誉的一位中医专家被桂女士的虔诚所感动，为探讨如何让更多人从中受益的模式，于2003年开始协助桂女士进行养生食品的研发。

2006年初，香雅食品有限公司正式诞生，五谷磨房第一家现磨药膳养生专柜成功入驻深圳高端零售商超。五谷磨房以其天然、健康、养生、无害的特质立刻受到了乐活族、新富阶层的热捧，由深圳开始，逐渐风靡广东，走向全国。

此举不仅是食品行业内的重大变革，也开启了一个全新的、注重身心健康的乐活时代。

与文娱有染

与文娱有染是企业通过与娱乐节目或文艺作品等融合，或创造与品牌相融的文艺作品，以娱乐元素为手段，以娱乐精神为主体，感染消费者，取悦消费者，达到提升品牌价值的一种新型营销策略。文娱有染的方法很多，举例如下：

一、与音乐有染

音乐有染主要利用旋律的感染力，增强与消费者的沟通和交流，满足消费者的需求，强化品牌在消费者头脑中的认知。动漫、影视剧都配有动听的主题曲和片尾曲，众多国外品牌也经常推出符合品牌形象与内涵的广告曲。正所谓“移风易俗，莫善于乐”，音乐极易影响消费情绪，消费心理又是由消费情绪决定的。因此，在一般情况下，消费者情绪好时更乐于消费，并且在这种情况下所促成的购买决策，后悔的概率也较低。

比如，提到浏阳河品牌，消费者一般都会想到“一条名河、一位伟人、一首名歌”。浏阳河的红色文化基本伴随着其品牌成长植根于消费者内心。

“娃哈哈纯净水”采用了“明星 + 歌曲”的品牌策略。王力宏一首《爱你就等于爱自己》，延续了娃哈哈纯净水“爱”的概念，同时传达出一种自信与激励的信念。

析易国际给摩尔农庄核桃乳策划时，提出了“高原核桃”的品类战略。为了在消费者心目中夯实“高原”印记，同样采取了与歌曲有染的策略。一首《高原核桃》把新品唱响之余，也使消费者真实感受到高原核桃的独特魅力。《高原核桃》歌词如下（见图 3-1）：

高原核桃
高原核桃洗尽铅华的美，外表无华内心潜藏智慧，屹立高原敢与日月争辉，春夏秋冬，从容面对。千米海拔只当山丘土堆，青装素裹哪怕日晒风吹，尝尽苦寒才能成就滋味，傲视苍穹，无惧无畏。高原核桃，坚定智慧，团结一心追逐梦想无怨无悔，高原核桃，坚定智慧，笑傲四方纵横天下硕果累累。

图 3-1 《高原核桃》歌词

与娃哈哈《爱你等于爱自己》不同，高原核桃是以自创歌曲走红的品牌，此类案例早有珠玉在前。

20 世纪 90 年代，曾经出现过一支令人久久难以忘怀的电视广告，至今回想起来仍回味无穷。其中经典的广告词“青丝秀发，缘系百年”，成为一代国人印象中唯美、深刻的品牌印记。

这则广告宣传的正是重庆奥妮旗下的“百年润发”洗发水。

在广告片中，第一次在中国内地拍摄广告的周润发温柔地为女子冲洗秀发、清水顺着青丝蜿蜒流下的镜头，伴随着韵味十足的京腔，曾经打动了无数中国消费者的心弦。

一夜之间，在“涓涓相思，藏在心中，相爱永不离，忘不了你”的歌声中，百年润发走入了千家万户。据统计，凭借这一广告，1997 年百年润发盈利 8 亿元，市场占有率飙升至 12.5%，位列年度销售亚军。在当时飘柔、潘婷、海飞丝等化学类外资品牌独霸天下的洗发水市场上，百年润发的崛起不能不说是一

与价值符号有染

所谓符号有染，即企业在竞争过程中利用全新的产品定位和营销思维，打破传统的市场规则，重塑产品的价值符号，传播新的产品符号，以打动消费者，提升品牌价值。

符号有染的方法之一，是寻找容易识别的符号，与品牌融合一体，让消费者把符号视作品牌标识。比如，感冒药“感叹号”。

中国感冒药市场产品同质化严重，从功能、成分、剂型或价格等营销要素上，已经很难实现差异化突破。在这种市场环境下，长春海外制药集团选择符号有染，即借用一个符号，实现消费认知的差异化，就是一招好棋。

首先，把“感叹号”作为感冒药的商品名。这种做法有新意，很容易引起消费者关注。

其次，在包装设计上，标点符号“！”与黑体汉字“感叹号”的出色设计，形成了强烈的视觉冲击力，加上范伟代言，东北味的“治感冒，就一片，效果咣咣的”幽默表演，消费者看一遍就留下很深印象。

符号有染的方法之二，使品牌与符号搭上，实现相互影响。比如，沈阳红药选择一个“圈”作为记忆符号，除了产品包装上印上一个大大的红圈外，广告语“沈阳红药请记住这个圈！”也在一直强化这种联系。

与色彩有染

所谓色彩有染，是企业建立的一种品牌识别的策略、方法；色彩就是竞争力。许多品牌因为色彩，所以出彩。与色彩有染是以一种特色制胜的策略。

众色彩是造化的产物，是宇宙的“定在”。自然界万物正是通过各种颜色才得以区分。

既然色彩是天设地造的杰作，将我们生活的世界装点得如此绚烂多姿、赏心悦目，那么谁有权利将其据为己有，实行色彩垄断呢？谁也不能，也无法给各种色彩做标记，进行商标注册。你所能实现的只不过是宣传某种色彩被人为赋予的特殊含义，为其烙上品牌的印痕。

比如，三精自染蓝色，以“蓝瓶为情绪识别”建立了相应的市场区隔，还成为品类的卓越榜样。

如果有人要消费“锌与钙”，别人会首选蓝瓶……而如果有品牌也以蓝瓶加入市场竞争，即表示认可蓝瓶是最好的……既然蓝瓶是最好的，那为什么我不选标准的制定者呢？因此哈药用“三精与蓝瓶”在市场上建立了一道不可逾越的心智区隔。

如果哈药六厂没有启动三精这个子品牌，也没有建立蓝瓶标准，直接用其他的什么“×××锌钙二合一”，或者是直接用“哈药六厂锌钙口服液”来作品牌名称，那么它只是一种锌与钙的产品而已，而不是一个以蓝瓶为标准的领导品牌。

再比如，从品牌自身来说，百事可乐的颜色文化也是自染蓝色。

蓝色是时尚活力的代表，纯净的蓝色表现出“美丽、文静、理智、安详与洁净”；它配合百事可乐新一代的定位，成为年轻人竞相追逐的饮料。

同理，可口可乐实行自染红色。红色不仅容易引起记忆，更容易传达“活力、积极、热诚、温暖”的寓意。在中国，可口可乐品牌因染上红色，从而在中国这个庞大的市场具有先天的优势。中国的国旗是红色，中国人喜欢红红火火，可口可乐用“中国人红起来”的广告，把自己的红色元素和中国红很好地结合在一起，品牌想不红火都不行！

色彩本身不具有任何客观含义，因此，色彩被品牌赋予的特殊含义必须明示，当事人才会晓得，才可能发生联想，将见到的颜色与某种事物条件反射般联系起来。

联姻品牌互染

联姻品牌互染是指企业在新形势下，为对抗强劲的竞争对手、顺应市场规律、降低自身风险而依靠联盟与其他企业或品牌达成利益的共同体，通过共享现有资源、共同采取商业手段来提高品牌影响力的一种新型策略。

这是一个泛商业有染联姻的时代，联姻互染可以实现资源共享，联姻互染可以达成优势互补，联姻互染可以提升品牌价值，联姻互染可以创造销售奇迹。

麦肯锡的研究表明，在全世界最强势的300个品牌中，有40%多在进行异业联姻互染。联姻互染最大的好处在于共享资源，合作双方在不另增成本的前提下，可有效提升资源的利用价值与营销效率，从而使合作双方共同受益。

一、通过股份交易实现有染

针对国内糖果市场，徐福记仅占6.6%市场份额，这样的情况很难获得行业领导者地位。另一个品牌雀巢，在糖果市场（巧克力除外）仅占0.3%的市场份额，也急需扩大市场。

徐福记看重作为全球最大食品企业雀巢的产品研发等方面的实力，雀巢看重徐福记已经覆盖到二、三线市场的渠道实力，双方搭上，一拍即合。据说，雀巢拿出111亿元准备收购徐福记六成股权，目前徐氏家族和徐福记的前两大股东已经同意，但这项交易仍需经过商务部批准。

据说，斯巴鲁与奇瑞公司的合资谈判已接近尾声，预计将在2011年10月之前正式向外界公布。斯巴鲁将国产地址选在了大连市，先期年产能为5万辆左右，未来100%负荷的产能目标是年产15万辆，大连的国产基地将成为斯巴鲁品牌在海外的第二大生产基地。

二、通过联姻联合发力，相互拉升

国内首个也是最大的冠军联盟，涵盖了欧派橱柜、东鹏陶瓷、大自然地板、雷士照明、红苹果家具、美的中央空调六大品牌，在家居市场陆续形成跨行业的品牌营销联盟，利用品牌联合的力量抱团取暖，通过加强一站式服务，共享资源，增强促销力度，缩减成本，放大营销效益。

据悉，中国橡木地板领域的领导者浙江富得利地板与葡萄酒品牌张裕都致力于打造时尚品牌，双方具有共同的理念和目标，消费群相对重合，双方共同宣布联姻，结成战略合作伙伴。富得利的橡木地板作为国内领先者，提倡优雅尊贵的生活方式，而张裕爱斐堡也是百年老字号最有代表性的酒庄，致力于追求品质生活，双方进行品牌合作有利于相互借势，借用彼此在行业间的影响力，进一步扩大知名度。

三、通过双方渠道的拓展，共享客户群

分众传媒是把 LCD 液晶屏放到楼宇，每放 1 块每年要付一定费用给写字楼；共合网每放 1 块屏，要向放置场所收 1 万元，每年都收。

不仅免费放屏，还可以收 1 万元钱？有这样的好事吗？

没错，共合网把液晶屏放到高档餐厅、理发店、洗浴中心、咖啡店、酒吧、4S 店、售楼处、会所等生活场所。打个比方，如果你是一家知名餐厅，放到你店里 1 块屏，承诺你会在 1 公里范围内，匹配给你档次相当又没有竞争关系的理发店、咖啡店、酒吧、会所等 10 家场所，你每天 10 小时以上轮播其他 10 家的信息，同样，其余 10 家也轮播你的。

这样的好处是，到这一带的任何一家店，都可以看到其余 10 家的推介信息。在咖啡馆聊完想找地方吃饭，会看到屏幕上推荐一家餐馆的精美菜品；到附近餐厅用餐，会看到屏幕推荐附近哪个酒吧最有情调；喝完酒想洗澡按摩，会看到屏幕上正在轮播推荐 1 个洗浴中心……总之，加入这个“圈子”的好处正是客户共享、相互推介、联合促销、共享打折卡、优惠券、相互放置宣传资料、手机短信群发等。“如果你不愿意加入，我不会游说你，而是去说服你的竞争对手。”这就是共合网之所以收费放屏、“有恃无恐”的原因。客户争先恐后地加入共合网，使得该项业务在短短几个月时间，仅在杭州一地，已有 2500 家店申请加入，签下了 758 份合同，导致共合网的液晶屏需求量大幅度增加，甚至一度断货。

需要了解的是，实现联姻需要双方目标市场的相同或相近，使其目标消费者在消费习惯、年龄构成、地理分布、文化层次等市场细分变量上应具有某种程度上的一致性。合作双方的目标市场若相近，那么其重叠程度越高，联合促销成功的可能性就越大；如果过低的话，效果可能会大打折扣。

品牌有染的策略与方法，除了前面两章介绍的主要内容外，还有很多。比如，与概念有染、与体育盛会有染、与神秘稀缺特性有染、跨界有染、与特殊渠道有染及盈利性体验有染等，这些都会在后面的案例章节独立或穿插介绍。

第四章　时间有染，一刻千金

关键时刻，怎能失语

2009年7月22日，中国曾出现1814~2309年持续时间最长的日全食奇观。这次500年一遇的日全食，主要投射在人口最为密集、经济较为发达的长江流域，不仅抓住了十多亿中国人的目光，更吸引了来自世界各地的4亿观测者聚会一堂。而2009年6月上市的马自达睿翼充分利用了此次日全食中的营销商机。

早在2009年5月底，马自达睿翼就开始考虑如何通过“捆绑”日全食来进行推广和销售。7月1日，推出了主题为“睿翼，带你一起去看日全食”的活动页面。只要登录该网页，便可以在线申领免费馈赠的日全食观测镜。除此之外，参与者还可以亲自到门店免费领取观测镜。

这一营销手段可谓一举三得，将睿翼所要传达的品牌信息以广受欢迎的方式植入目标消费群体的心中。

首先，它提高了睿翼的关注程度，并提升了其品牌的底蕴与内涵；其次，它可以聚拢人气，将消费者吸引到全国各地的4S店铺；最后，不但在免费提供的观测镜上铭刻了睿翼的样车模型，还印制了官网链接和客服电话，同时，在寄给网上申领观测镜成功的消费者的信封背面，也附上了睿翼车的相关信息。

在观测镜发放的同时，还在一些知名的网站和论坛上放置了诸如“十大最佳观赏日全食中高级汽车”、“睿翼日全食十大交通安全须知”、“睿翼车主浪漫求婚”之类的帖子与视频，并与新浪科技的全日食直播专题合作，借助其超高的网络关注程度，向全国网民推广自己的品牌，让公众不但认识了睿翼，也记住了睿翼。

一、跨省兜售“日全食”

当然，有效利用日全食进行商业营销的不只是汽车行业。

经中国科学院国家天文台指定，安徽省铜陵市成为2009年日全食的最佳观测点之一，铜陵市政府为此开展了一系列旅游产业的营销活动。

首先，铜陵将日全食作为一项珍稀的旅游资源进行包装，打出“相约古铜都，见证日全食”的鲜明旗帜，先后在山东济南、河南郑州和安徽阜阳展开“天文科普游”的推广活动。同时，铜陵还利用交通之便，热推“铜陵—黄山一日游”、“铜陵—九华山一日游”等旅游项目，以日全食为轴心，形成了一条良好的产业链，在旅游业引起了极大反响。

接下来，铜陵举办了“铜都鉴日”主题活动，并力邀神六宇航员宣传日全食相关的科普知识，在全世界各地的日全食追踪者之间掀起了一股科普热潮。

直至7月26日，铜陵的街头巷尾还不时有摄影爱好者扎堆分享日全食当天抓拍到的作品。其中，造型独特、做工精细、颇具铜陵地方特色的“铜都鉴日”青铜镜，深受海内外天文爱好者及游客的追捧。

相关数据显示，日全食前后几日，铜陵市内大中型宾馆的平均入住率高达98%，各餐饮旅游场所上座率接近100%，各主要景区的接待量与平日相比，则至少翻了两番。仅7月22日当天，全市22家旅行社就接待了86个日全食观赏团，共计5185人，其中海外游客有843人，而从周边城市赶来的游客则高达26000人以上。

据统计，此次日全食观测活动至少为铜陵市产出了5000万元以上的经济效益。铜陵不仅成功地销售了“日全食”，同时也成功营销了一座城市。

二、中国企业为何“集体失语”

一次壮丽罕见的天文现象，引发一股全民逐日的热潮。其传播速度之快、参与人数之多，不亚于一场世界级顶级盛会。然而，与奥运会、世界杯等大型体育盛会相比，在这股热潮当中推波助澜的企业或团体的数量却少得可怜。

从上述几个例子当中，我们应当明白，日全食不应只是天文、餐饮、旅游、IT数码等行业的“营销盛宴”，凡是商业嗅觉足够敏锐的企业，都可以从中觅得借势推广品牌、扩大销量的契机。错过了一次500年一遇的日全食，企业并不会有所损失，但对于日全食这样关注度极高、影响范围极广的天赐商机，如果还能表现得无动于衷，那么，企业势必在营销方面难以有所突破。

令人庆幸的是，在此次日全食的考验面前，少数企业能够及时采取行动，让我们看到了时间有染战略未来发展的一线曙光。虽然2009年7月22日已经成为历史，但我们希望越来越多的企业能够记住这一教训，在今后的营销过程中，善于把握宝贵的时间资源，使“一刻”能够真正价值千金。

时间有染的核心：甜蜜感情商业制造

从公元 14 世纪开始，托文艺复兴的福，圣·瓦伦丁节（Valentine's Day）逐渐演变为真正的浪漫情人节。700 多年后，托改革开放的福，中国人大部分也过上了这一脱胎于西方传统宗教的节日。

如今，对两情相悦的中国恋人们来说，每年的 2 月 14 日都是热烈到令人窒息的日子。这一天，美味的巧克力大量卖出，空气里弥漫着红玫瑰的甜香，无数企业因此而日进斗金。有趣的是，仿佛一个情人节尚嫌不够，近几年中国又兴起了一股“白色情人节”的风潮。

一、故事背后的故事

所谓白色情人节（White Day），指的是每年的 3 月 14 日，它发源于日本，在韩国、中国台湾等地也颇为流行。据说，在传统情人节里收到礼物的一方，经过一个月的考虑和观察后，如果愿意回应对方的心意，就会在白色情人节里回赠礼品，以表达自己对这段甜蜜感情的认可。

白色情人节之所以定于 3 月 14 日，是由于情人节后的一个月，也就是公元 270 年 3 月 14 日这一天，由圣·瓦伦丁（Sanctus Valentinus）舍身成全的那对著名恋人向世人宣誓相爱至死不渝。因此，相对于传统情人节的热情洋溢，白色情人节显然是一个有情人终成眷属的甜蜜日子。

当然，这只是日本糖果制造界的联合组织——日本全国饴菓子工业协同组合（即日本全国糖果点心工业合作公会，以下简称全饴协）给出的“官方解释”。正所谓“每一个故事的背后，都有另一个故事”，实际上，白色情人节只不过是一宗完美商业营销的产物。

二、没有需求，制造需求也要上

对于当今的中国消费者来说，广告不再是刚性消费指南，其所表现出来的创意与艺术性，或许会引起观众的掌声雷动，甚至获得纽约广告大奖，但未必会激起消费者的购买欲望。这也是很多商业广告频频在业内获奖，却遭到广告主发难的根本原因。

析易国际认为，成功的有染手段，必须令企业获得商业上的实际利益，而令企业获利的关键，还是在于挖掘、塑造和培养消费者的消费习惯。白色情人节风靡日本本土数十年，甚至漂洋过海影响十几亿中国人的例子，便充分印证了这一点。

自 1936 年情人节传入日本后，一向恪守礼尚往来之道的日本人，尤其是年轻人中，逐渐养成了一种赠送情人节回礼的习俗。

进入 20 世纪 70 年代，日本传统甜点遭到外来巧克力产业的强力冲击，为了扩大产品销量、争夺市场份额，本土甜点制造商们急需更有力度的促销手段。从 1969 年开始，日本各地的甜点厂商纷纷巧立名目，借情人节回礼的社会风俗，将他们的糖果、甜点等作为“回礼赠品”来进行宣传，而回礼日的叫法亦很多，如“Flower Day”、“Cake Day”、“糖果节”等。

据日本最古老的文献记载，糖果的起源是阴历的 3 月 14 日左右。据此，日本福冈市博多区的甜点制造商“石村万盛堂”于 1977 年 3 月发起了促销活动，首次将阳历 3 月 14 日定为“回礼日”，并将其命名为“糖果赠送日”。此时，距离“白色情人节”这一概念的定型不足一年时间。

三、一个促销计划制造的传统佳节

1978 年的全饴协名古屋全会上，一个全新的商业计划诞生了：正式将每年的 3 月 14 日定为情人节的“回馈日”，那些在情人节里接受了巧克力的人应当在这一天送出回礼。同时，为避免这一天成为情人节的“附庸”，全饴协取纯洁、清爽之意，将石村万盛堂提出的“糖果赠送日”改为“白色情人节”。

1980 年，首届白色情人节由甜点制造商们联合发起。因为当时参与推广的终端商户仅有七家，宣传力度不够，很多市民都问“白色情人节”到底是什么意思。于是推广人员就在地铁里十分奔放地四处追问：“你知道白色情人节吗？你知道应该在这一天里向心爱之人回礼吗？”在这样别具一格的宣传下，白色情人节迅速获得日本民众的认同。

然而，日本人的情人节回礼不再是巧克力，而是日本传统的甜点和糖果，这一事实着实令巧克力制造商难以接受，虽然二十年前他们也是采用同样手法，令“女同事在情人节向男同事赠送巧克力”成为日本职场惯例。然而，这种恼火必定是短暂的，我们知道，商人总是有自己的办法。

果不其然，不久之后，巧克力制造商便回心转意，接受了所谓的白色情人节，因为他们发现自己也可以从这个节日中获利——他们可以卖白色巧克力！

没错，既然情人节应当吃巧克力，那么白色情人节为什么不吃白色巧克力呢？对于巧克力行业来讲，这简直是天赐良机！当巧克力制造商也开始为白色情人节的推广造势时，白色情人节最终演变为日本传统节日便不是那么令人难以理解的一件事了。

四、“出来爱，迟早是要还的”

现在，这一天的回礼除了甜点和巧克力之外，在日本，人们还需要添置其他礼品，如鲜花、贵重礼物、纯手工曲奇等。全套礼品准备下来，价值不菲，难怪一些日本人会一边掏钱一边抱怨：“这纯粹是一个阴谋！”

说得不错，这些礼品的背后虽然各自拥有一段甜蜜动人的故事，但其故事本身一定是商业“阴谋”的产物。所谓商机，如果只仅存在于现有的节日，而无法自行创造，那么商户或企业之间只能互相打得头破血流，然后结伴去喝西北风了。

像白色情人节这样的促销计划，之所以能够养成人们过节的习惯，因为情人们的的确确在这一天增进了感情。在这一天里，女孩因收到心上人的回礼而笑弯了腰，男子为吃到恋人亲手烘制的饼干而心头骤暖，不得不说，促销计划也可以产生深远的社会影响，恰如曾志伟所说：“出来爱，迟早是要还的。”

五、白色情人节遍染中国

正因为白色情人节为恋人们制造了更多表达情感的机会，所以这一节日随后从日本起航，先是蔓延到韩国、中国台湾等地，最终渗透到中国内地。2006年，佳世客等日资商场将白色情人节引入青岛，此后造势多年，如今白色情人节已经为节日消费市场带来了新的商机。然而，大部分企业却并未很好地把握住这个良机，实际上不少商家都纷纷表示，这一天的促销效果并不理想。

这又是为什么呢？

相对于日本情侣之间的含蓄尚礼，中国情侣的交流更为随兴亲昵。因此，作为“女性回礼日”来进行推广宣传的白色情人节，在中国无法深入人心的结局并不令人感到意外。大部分商家也承认，促销效果不理想的根本原因是“让中国女性为男人付账太难”，那么，中国企业界能解决这个棘手的问题吗？

2008年3月14日，大型婚恋网站世纪佳缘与新浪北美频道联手，高调推出“白色情人节——让我们在大洋两岸相识”活动，为200名身在北美的单身优秀华人男子集体国内征婚。即便这次活动对征婚者的英文水平要求颇高，并额外收取100元的活动费用，却仍然吸引了2754名单身女性的报名参与。

2010年，中国的元宵节在情人节与白色情人节之间插了一脚，使得年初情侣之间的甜蜜气氛更为热烈。世纪佳缘正式为白色情人节引入新的概念——告别单身的日子，并于3月14日前夕，在北京、太原、沈阳、石家庄等城市分别举行浪漫派对。这一活动再次受到追捧，仅北京一地就有2600人报名。不少单身男女纷纷表示，要在该派对上主动出击，勇敢告白，在此邂逅佳期里“抢”一个恋人过白色情人节。

现如今，每一个企业都本能地意识到，在元旦、春节这种现成的节日里，应当把握良机，集中发起促销攻势。然而，企业试图打响新品牌的知名度，或在恶性竞争的循环中脱颖而出，绝不能满足于这种人人都会“耍”的商业手段。

析易国际认为，所谓的天赐良机，无非是在某个特定的时间成功制造出一个公认的消费理由，并发布有利于自己的消费指南。此良机绝非上天赐予，而是人力使然。在这个过程中，企业既要扮演好“导演”的角色，随时随地准备为“剧本”赋予新的内涵，又要尽职尽责地做好销售计划的匹配工作。就像白色情人节的诞生，不就是一人分饰两角的最佳案例吗？

第五章　地域有染，屡试不爽

地域嫁接：诉求“原产地”价格

2006 年之前，国内市场的进口葡萄酒数量还比较少，与其他发达国家的差距很大。然而随后几年，人们对进口葡萄酒的需求越来越高，促进了国内进口葡萄酒数量的飞速增长，一时之间，在酒品市场刮起了一场经久不散的葡萄酒飓风。

尽管进口葡萄酒比国产葡萄酒的工艺好、味道醇，但是伴随而来的高价也浇灭了很大一部分消费者的热情。

有业内人士称，进口葡萄酒市场还不成熟。在未来几年，如果有一部分企业能抢先抓住市场机遇，满足大众需求，便能在获得利润的同时，逐渐完善整个葡萄酒市场。

一、0~20 亿元的挑战

BT（Best Time 的缩写，译为“最好时光”）是一个从未涉足过酒水市场的企业。刚刚进入 2010 年，BT 找到析易国际，提出了一个巨大市场难题：希望在我们的协助下成功杀入进口葡萄酒市场，在第一年就实现 20 亿元的销售目标！

综观葡萄酒市场，析易国际发现：年销售额超过或接近 20 亿元的企业仅有长城、张裕等少数几家，BT 凭什么定这么高的目标？不管一年实现 20 亿元的销售目标是天方夜谭还是手到擒来？首先要弄清楚，进口葡萄酒市场到底是一个什么样的市场？有哪些消费者在喝进口葡萄酒？经过对葡萄酒市场的深入研究，我们认为：

首先，2009 年国内进口葡萄酒总量达 1.7 亿升，进口总金额达 4.4 亿美元，按最保守的 10 倍加价计算，2009 年进口葡萄酒销售总额应该不少于 44 亿美元。而瓜分这个市场的各类葡萄酒进口商达 3 万家。由此可见，进口葡萄酒市场竞争激烈。BT 作为涉足进口葡萄酒行业的新军，要想达到年 20 亿元的销售额，缺乏必要的基础条件。

其次，BT 的行业经验约等于零，通路资源约等于零，传统的渠道建设能力约等于零。这意味着，BT 在初期积累行业经验和完成通路建设方面，恐怕就要用掉一年的时间，而要在第一年达到 20 亿元，就好似“不给马吃草，只让马儿跑！”

再次，在中国，有这样一个消费群体——他们是真正的葡萄酒爱好者，他们有钱、有时间、有品位，很懂葡萄酒。但与此同时，还有这样一个消费群体——他们虽然不太懂葡萄酒，但并不讨厌葡萄酒，在一些场合里，他们还会陪同别人饮用葡萄酒。除此之外，还有一部分特殊的群体——他们是葡萄酒投资者，对葡萄酒有很强的辨识能力，然而，他们不是主要的消费者，只把葡萄酒当做收藏品或期货来运作。总之，仅凭以上三个消费群体，BT 根本无法实现 20 亿元的销售目标，除非对市场进行扩容。

最后，进口葡萄酒市场是一个价格虚高的市场，加价率通常在 20 倍左右。为什么中国葡萄酒人均消费仅为世界葡萄酒消费平均水平的 6%？为什么进口葡萄酒在中国市场卖不过国产葡萄酒？其中一个非常重要的原因就是进口葡萄酒的虚高价格。这个虚高的价格就是阻碍进口葡萄酒普及的屏障。而公众对这种价格虚高现象并不了解。一旦让公众了解这个行情，进口葡萄酒市场必然会经历一次大震荡。

这是一个潜伏在进口葡萄酒市场中的危机，在这个危机中，我们似乎看到了一线生机！如果能够巧妙地抓住这一线生机，把虚高的价格拉下来，把更大的人群拉进来，即便 BT 不具备深厚的行业经验和传统的渠道资源，我们也可以帮助 BT 实现愿望。

二、寻找创造奇迹的路径

然而，我们发现了生机，仅相当于找到了迷宫的入口。如何一步一步地走下去，顺利地离开迷宫，才是我们最大的挑战！

首先，要把进口葡萄酒的价格拉下来，我们需要解决很多问题，比如，以什么名义拉下来？拉到什么程度？如何让市场扩容？用什么样的杠杆撬动新的市场空间……

冥思苦想、反复碰撞之后，我们想到了地域有染，即通过“独特的地域色彩 + 低价位配合营销”的思路，推出“原产地价格”的概念！

“原产地价格”指原产地零售价，是原产地出厂价的3倍左右，而令人咋舌的是，同样一瓶葡萄酒到了国内，价格就是原产地出厂价的20倍左右。我们打出“原产地价格”这张牌，将会颠覆价格虚高的进口葡萄酒市场，推动葡萄酒市场及葡萄酒文化的普及，让中国葡萄酒市场呈现几何倍数的增长。

“原产地价格”的问题解决了，但下一个问题是，我们以什么名义来倡导原产地价格？须知，BT不是品牌商或制造商，不能以葡萄酒进口商的名义倡导。那该怎么办？我们为BT找到了另一种身份——组织者。组织十余个国家数十个庄园的葡萄酒，组织全中国的葡萄酒爱好者，发出一个倡议：全世界葡萄酒爱好者联合起来，尽享“原产地价格”！

BT承诺，去掉15倍的加价率，以原产地价格销售给国内葡萄酒爱好者。

至此，我们找到了BT的商业模式——“平价奢华”。

至此，我们找到了BT的营销模式——融入“原产地价格”，与原产地有染。

至此，我们找到了BT的企业使命——以普及葡萄酒及葡萄酒文化为己任。

三、成功的曙光

明确了方向之后，我们将200种BT进口的葡萄酒进行打包，分别组合成5000元、1万元、5万元、15万元、30万元等多种规格。

接下来，我们给每一种产品组合取不同的名称。在头脑风暴会上，我们提出了很多方案，比如按照金、木、水、火、土五行命名，又如按照九大行星命名……

一个疑问否定了这些命名方式，因为客户的产品组合很可能不止数十种组合或者数百种组合。如果按五行命名，第六种怎么办？按九大行星命名，第十种如何解决？

在命名工作陷入困境时，有人提出一个概念，叫结构化思考，开放式命名。将 BT 的产品组合切割成几大系列?

BT 是英文“Best Time”的缩写，意为“美好时光”。我们紧紧把握地域有染的策略，将外国葡萄酒的地域文化与葡萄酒的高品位相结合，把 BT 的系列酒单组合一分为四，分成“美系列”、“好系列”、“时系列”、“光系列”四个系列。

对于我们来说，这是一次建立在地域有染基础上的创造，它很可能打破葡萄酒产业的旧有格局，令新生品牌在国内市场上扬眉吐气。这正是营销策划的魅力之源。

塑造特殊的地域人文气息

当人们在电影《远离拉斯维加斯》中随着尼古拉·凯奇一道痛苦地寻求爱情和自由的同时，总是会感受到拉斯维加斯的强烈吸引力。拉斯维加斯，令世界为之倾倒的狂欢之城，它对世界而言到底意味着什么？它的魅力又是如何产生的?

一、肥沃的青草地

“拉斯维加斯”（Las Vegas）源自西班牙语，意思为“肥沃的青草地”。因为在荒凉的沙漠和半沙漠地带，拉斯维加斯是唯一有泉水的绿洲，由于有泉水，逐渐成为来往公路的驿站和铁路的交通枢纽以及中转站。

1854 年，美国西部的摩门教徒建成拉斯维加斯，不过，后来摩门教徒迁走了，美国大兵把拉斯维加斯变成一个兵站，人口一直不兴旺。

1905 年，内华达州发现金银矿后，大量淘金者迅速涌入，拉斯维加斯开始繁荣，但命运如同西部各采矿城镇一样，随着矿藏越来越少，淘金者一批批离开，拉斯维加斯又复归于寂寞。

1931 年，世界金融危机袭来。在大萧条时期，美国为了渡过经济危机，在内华达州议会上通过了赌博合法的议案。从此，拉斯维加斯以“赌城”之称迅速崛起。

到目前为止，拉斯维加斯已发展成为美国内华达州最大的城市。它以博彩业为中心，迅速扩展出庞大的旅游、购物、度假产业而著名，是世界上最令游客们向往的度假胜地之一。据不完全统计，每年来拉斯维加斯旅游的人达到 3890 万之多。

从一个单一的交通中转站，发展成为一个真正有声有色的城市，拉斯维加斯凭借什么手段在数十年间迅速脱胎换骨?

析易国际认为，拉斯维加斯是世界上最懂得用地域有染策略来营销自己的城市，它以博彩业为中心，迅速打造了一个非常完备的产业链，将博彩业、旅游业、娱乐业囊括起来，整体上打上了鲜明的地域符号。

二、全方位、立体式的博彩业

拉斯维加斯的赌场设计以金碧辉煌、奇形怪状的建筑物闻名于世，如斥资数亿美元建设的“金字塔”（Luxor）、“金银岛”（Treasure Island）、“米高梅”（MGM Grand）、“和记娱乐城”（Heji Bet City）等赌场是拉斯维加斯最大的产业。1993 年，这些重量级的赌城陆续在拉斯维加斯开幕，吸引了世界上众多的赌客光顾，有世界级的富豪、阿拉伯的王子、好莱坞著名演员、不同等级的官员、平头百姓……

拉斯维加斯的所有赌场都实行24小时营业，不管赌客什么时候来，都不至于扫了赌客的雅兴，而且赌博的玩法五花八门、各有特色，能够满足各式各样赌客的喜好，因此，赌场内生意兴隆。需要说明的是，在赌场中，只要赌客付款，随意一招手，就会有人上前服务，从普通热狗到豪华大餐都可以得到满足。

另外，拉斯维加斯的博彩业为了吸引更多的赌客和游人前来，做了一系列的努力：

在交通硬件设施上，拉斯维加斯具备便利的交通和临近大城市洛杉矶的地理优势。在此基础上，拉斯维加斯将这个优势发挥到了极致，比如，机场的班机通往世界各地，而且任何私人飞机都可以在拉斯维加斯起飞、降落。

在法律方面，为了使拉斯维加斯的经济快速稳定发展，地方上的赌业公会有严格的法律机制，需要对赌场的投资人进行严格的审查，对各赌场进行严格的监督，一旦发现问题，当事人将被永远剥夺经营权。另外，为了吸引游客，拉斯维加斯的社会治安治理十分完善。比如，对中了头奖的赌客而言，他出于对自身安全的考虑，向赌场提出全程保护的要求时，赌场可以派两名警察一路安全护送到美国的任何一个地方。又如，内华达州有法律规定，只有年满21岁以上的人才可以赌博。

无疑，这一法律机制为拉斯维加斯的博彩业铺平了道路。这种地域有染的效果非同小可，放眼世界，还没有哪一个城市能够把博彩业的特色上升到这样一种高度。

三、丰富多彩的旅游业

几十年来，人们谈起与博彩业相关的话题，就不能不提及拉斯维加斯。然而，拉斯维加斯并未感到餍足，自博彩业繁荣之后，它又开始推动旅游业和娱乐业的发展。

在环境气候上，拉斯维加斯位于美国内华达沙漠的边陲，周围坐落着1000~3000米的高山，气候四季分明，夏季炎热，常常会下雷阵雨，晚上异常凉爽；冬季气候温和，非常适宜旅游。

除了得天独厚的自然地理环境，吸引旅客注意力的是热闹非凡的拉斯维加斯大道（Las Vegas Strip）。这条大道上集中了世界上十家最大的度假旅馆中的九家，道路两侧依次排列着自由女神像、埃菲尔铁塔、沙漠绿洲、摩天大楼、众神雕塑等摇曳多姿的雕像和美轮美奂的建筑，每一尊雕像都是精雕细刻的艺术品，每一座建筑后面都蕴涵着悠久的历史韵味和地域风情。

另外，拉斯维加斯市外有矿区与牧场，建有超豪华的夜总会、旅社、餐馆、赌场以及查尔斯顿娱乐区和死谷国家博览馆。每年5月，美国能源研究和开发局的内华达试验场还要举办热闹非凡的赫尔多拉多节。同时，拉斯维加斯还充分利用报纸、电台以及电视台的媒体力量，大力渲染其鲜明的地域特色和硬件优势，被这些报道深深吸引的游客成群结队、前赴后继地奔向了拉斯维加斯。

四、无所不用其极的娱乐业

拉斯维加斯全市集中就业人口30万，每年要接待来自世界各地的几千万游客，没有过硬的娱乐设施和丰富多变的娱乐文化，是断然掏不出游客兜里的美钞的。

赌场大道上坐落着世界上最高级的旅馆、饭店和秀场，如 Mirage、Excalibur、巴黎、纽约、火鹤、凯撒皇宫等。在这里，人们可以观看世界上最有名的娱乐节目，品尝世界各国的高级晚餐，玩世界级的高尔夫，享受最奢华的水上活动场所。

另外，拉斯维加斯新开设的以娱乐为主题的游乐场和度假旅馆如 Wet ‘N’ Wild、Grand Slam Canyon 和 MGM Grand Adventure，推出了“迷你”赌场，将紧张又刺激的赌场和轻松悠闲的娱乐完美融合，让人们乐此不疲、流连忘返。

拉斯维加斯在娱乐业上不输给任何一个以娱乐为主业的城市，其娱乐事业上的消费产出现已成为全市经济收入的主要构成部分。

在拉斯维加斯，根植于地域特色的博彩业、娱乐业、旅游业彼此渗透，交相辉映，从而各自大放异彩。从品牌营销的角度来讲，世界上鲜有城市能够胜过拉斯维加斯。这不是广告的功劳，而是融入了地域有染的力量。

用地域价值点亮品牌价值

1994 年是云南省丽江市的转折点。在此之前，丽江还是一个名不见经传的小县城，而现今其旅游业已步入高速发展的轨道，为整座城市带来了翻天覆地的改变。

据旅游局统计的资料显示，2005 年丽江的游客量与 1994 年相比上涨 19 倍，旅游综合收入增长 47 倍，以旅游业为龙头的第三产业占丽江生产总值的比重达 48%。2009 年，丽江旅游业仍保持较快的增长态势，仅 1~6 月，全市共接待游客344.8万人次，比2008年同期增长26.51%。从一个一文不名的西南边陲小镇，只用了十几年的时间，便发展成蜚声国内外的文化旅游城市，丽江到底依靠什么取得了这样的成绩？

一、把美丽的传说搬上电视

随着旅游业的进一步发展，丽江富有地域特色的文化景观和民俗风情迷倒了越来越多的游客。其中，玉龙雪山山顶的“一米阳光”尤其让海内外的游客神魂颠倒，对丽江向往不已。

坐落于丽江的玉龙雪山山顶终年云雾缭绕，并且经久不散，即使在最明媚的天气，阳光也很难穿透厚厚的云层。然而，在每年的秋分节气，日月交合、同辉同映，人们在非常偶然的时刻，看到有“一米长”的阳光照在山顶，那场面宁静肃穆，异常壮美。

据说，“一米阳光”是上天的神灵赐予人间最完美的“爱情阳光”，如果哪对情侣有幸沐浴到这短暂而又圣洁的阳光，就可以得到天长地久的爱情。

对于一个普通人来说，真正灿烂、终生难忘的爱情总是一闪而逝的，正如这“一米阳光”般短暂。如果“一米阳光”可以将短暂的爱情化为永恒，那么，人世间便没有那么多的遗憾了。

这个美丽的传说不仅令游客产生无尽的遐想，也使一批有心人浮想联翩。

为了让更多的人知道丽江，当地政府和旅游企业联手，邀请著名作家海岩将这一传说改编成现代唯美爱情偶像剧《一米阳光》。该剧主要在丽江拍摄，结合了“一米阳光”的传说，讲述了一个动人的爱情故事，并且从该剧的摄影、灯光、美术到服装、化妆、道具，丽江独有的唯美地域风格深深“有染”了每一个细节。

《一米阳光》播出后，观众反响强烈，收视率非常高。在生活中，我们发现周围谈论“一米阳光”的人越来越多，一时之间，全国人都开始关注丽江。据相关报道称，《一米阳光》热播后，丽江的游客接待量显著上升，人们从五湖四海来，都想亲眼目睹那神奇的“一米阳光”，体验一下从“一米阳光”中散发出的永恒的爱情力量。

二、打造快乐天堂，传播快乐文化

2011 年 5 月 20 日，“中国首富长青树”——新希望集团总裁刘永好和深圳时尚集团董事长郭奎章等百位神秘“商界精英”相聚丽江，一起参与“一米阳光”集团在丽江中济海举行的 10 周年盛大庆典活动，并与“一米阳光”集团董事长刘老三共同创建“乐享会”。

在这次盛大庆典上，刘老三说：“我是在 10 年前创立‘一米阳光’的，当时，丽江旅游业迅速发展，我的创业初衷是，想让自己活得更快乐。但是，经过一次生死劫难后，我对生命和人生有了更深层次的认识——人活着不仅要让自己快乐，还应把快乐带给更多的人。后来，我确立了‘快乐文化倡导者’的企业定位，并提出了‘快乐·感恩·分享’的全新品牌理念，打算把‘一米阳光’带给全世界。”

的确，在这 10 年中，刘老三在丽江的旅游业不断发展的背景下，依靠得天独厚的地域资源招商引资，与众多企业进行合作，共同将“一米阳光”打造成了一个大品牌。

历经 10 年，“一米阳光”集团取得每 4 年增长 10 倍的经营佳绩，已成为一家集“食、住、行、游、购、娱”于一体，涵盖餐饮娱乐、旅游地产、旅游服务、度假酒店、旅游商业于一体的多元化综合旅游企业。

在这些成绩面前，刘老三并未止步，他计划将“乐享会”与丽江旅游这个强大的“母体”结合，吸纳更多全国各地乃至全世界的中高端精英人士入会，一起打造一个“资源共享的快乐平台”，让更多崇尚快乐的商界、文化界、娱乐界的人士参与到“一米阳光”的体系中来。

三、揭秘地域有染

业界认为，在郭奎章和刘永好的带动下，“一米阳光”依靠地域资源汇聚了更多的资源，对推动丽江旅游经济向国际化、精品化路线迈进做出了巨大的贡献。

其实，不论是电视剧《一米阳光》的播放，还是“一米阳光”集团对“快乐文化”的打造，归根结底是植根于资源的地域有染。在地域有染的策略下，当品牌拥有了独一无二的市场地位，企业也就叩开了财富之门。

第六章　人物有染，活体招牌

把握脉搏，巧用人物有染

2011年底，析易国际接到A公司策划保健醋的项目。A公司是山西省著名企业，仅调味醋年生产50万吨，占市场占有率25%以上。旗下醋饮料，即苹果醋也有了一定市场份额。现在，企业采取“调味醋、醋饮料、保健醋”的三足鼎立战略。如何开辟保健醋市场，创建保健醋市场第一品牌，扩大产业规模？这是摆在A公司面前的重要难题。

析易国际在市场调查中了解到，保健醋现有市场生态环境是保健醋地域品牌众多，全国闻者寥寥。消费者对醋具有保健功效已形成普遍认知，但在保健醋与醋的认知上没有形成区隔，认知混淆。不仅消费者没有自然饮用保健醋的习惯，而且受调味醋影响，保健醋在消费者心目中都是低价值印象。绝大多数保健醋不是输在终端、渠道、品质，而是输在生活习惯及错误认知上，如何基于消费者对醋具有保健功效的认知上，提升保健醋的价值？

一、有染不当，难修正果

从竞品角度看，有的“卖概念”抢夺市场，比如，有品牌宣传中融入富含“铜离子的螯合物”等概念进行产品推广；有的“卖绿色”挖掘需求，比如，有品牌说自己的酿醋原料是“无虫害优质小米，洛阳军屯泉水”；有的“卖配方”，比如，宣传自己的保健醋是“蜂蜜+醋”；有的是“枸杞+桂花+醋”等；有的靠“卖历史”，比如，诉求自己是四大名醋中唯一的药醋、宫廷御醋、国宴调味用品；有的品牌全力宣传功效，比如，调节血脂（降低甘油三酯）、养颜润肤、增智长聪、软化血管、抗癌；等等。虽然厂家各显神通，采用了如概念有染、绿色有染、与配方有染、与历史有染及功效渗透等众多有染方法，但是并没有因为保健醋的成分、配方等要素，而对保健醋形成高价值感的有效认知；最终导致保健醋在销售终端上动销不力！有染路径很多，但成功有染需要抓住消费心理。

二、多方尝试，寻找出路

在这样的市场中，A公司保健醋必须重新寻找保健醋可能存在的价值基因。面对挑战，析易国际尝试许多方向，进行试探性突破。

比如，A公司制醋工艺，已经批准成为“非物质文化遗产”，那么，宣传上融入这个要素，与“非遗工艺”有染，是否可以提高产品价值感？

分析认为，“非遗工艺”是一种历史传承的表现。意味着产品的传统、底蕴，象征着民族、古老、文化。A公司可使用这一软性资源，但人们不会因此而区隔于普通食醋，也较难因此而产生高价值感联想。

再比如，A 公司制醋工艺是一种具备可溶性技术、高吸收度的保健醋，它能否作为提升产品价值感的突破口？

分析认为，可溶性技术带来的高效人体吸收度是 A 保健醋区隔于其他品牌的重要元素；但一切物理性质功效诉求，均无法构建长远的差异化竞争优势，迟早会被仿效与复制。

还有，A 公司保健醋“降血脂、辅助降血压”的功效与机理能否成为区隔竞品、获得价值感提升的重要优势？

心脑血管疾病是危害人类生命的头号大敌，因此引来先驱一片。截至 2010 年卫生部批准的 3000 多种保健品中，免疫调节、调节血脂、抗疲劳三项就占 2/3，其功能含调节血脂的保健品则不少于 1000 个。从汉林血脂到血复康，从洗血到溶脂，从血康到清道夫，中国降血脂保健品市场倒了一批批的先驱与一个个的概念。今天的保健醋市场，触目所及仍然是一片“降血脂，降低甘油三酯”。因此，中国降血脂市场尚未成熟，血脂高无明显症状，发展至血压高则选择药品，非迫切需求！

三、人物有染，攻克难关

在对保健醋深入挖掘的过程中，我们发现一个英国的科学家 Hans Adolf Krebs 教授。1953 年，他凭借“克氏循环理论”的研究，获得在生理学和医学方面的诺贝尔奖。

克氏循环理论大意是说：“我们所摄取的淀粉和糖分都会转化成血糖，脂肪则转化成脂肪酸，而肉类和豆类的蛋白质将转化成 20 多种氨基酸。这些营养素都必须在进入柠檬酸循环前先跟草酰乙酸（来自醋）结合。在柠檬酸循环里，这些营养素将会被转化成能量（三磷酸腺苷，ATP）以供身体使用。在转化的过程中，食物将持续被转化成柠檬酸，接着被转化成 cis-Acotinate、异柠檬酸、α-酮戊二酸、琥珀酸、富马酸、苹果酸和 草醋酸。当酸质被转化成草酰乙酸时，此过程将会持续重复。”

读者对理论是否明白不重要，重要的是了解结论，即“醋是唯一能直接提升“克氏循环”效率的食物，是唯一能直接消除疲劳，使体液快速呈正常弱碱性的食物。”长久以来，这个伟大的“克氏循环”，只被当做醋具备抗疲劳功效的论据。显然，国内醋产业都对一个巨大商业价值熟视无睹！因为若能与这位英国科学家有染，凭借对“克氏循环”在人类科技史上的巅峰成就的宣传，借势就能把保健醋的价值感直线提升上来。

A 公司保健醋如何与这个人物有染呢？首先，A 公司完全彻底地将“克氏1953”这一超高附加价值的概念据为己有。重要方法，一是 A 公司把“克氏1953”申请为商标；二是把克氏循环的流程图抽象成一个符号，成为 A 公司产品的价值符号。

凭借“克氏循环”理论，保健醋在国外被重视并演绎成高价值产品。同样，通过与这个诺贝尔奖获得者“有染”，A 公司保健醋全面超越所有竞争者，成为行业内最具价值感的品牌！

与名人有染，品牌诉求必须明确

请名人代言做广告，最普遍的负面效应莫过于名人“喧宾夺主”，风头盖过品牌本身。

在百年润发的电视广告中，我们看到的却是这样一种美妙的融合：消费者将周润发在广告片尾那一抹逐渐绽开的微笑称为“上帝之笑”，而传媒则一致将该广告视为历年来与名人有染的最为天衣无缝的“神来之作”。周润发的个人魅力在广告片中表现得淋漓尽致，与此同时，消费者也记住了“百年润发”这个与周润发名字极为相像的品牌。

名人与品牌的完美结合，缘于广告本身拥有十分明确的诉求，否则名人的光芒愈加耀眼，企业自身的品牌形象就越发模糊不清。在推广新品牌的过程中真正见效的，往往是那些从功能性诉求提升到情感性诉求的广告。百年润发的这则电视广告不仅达到了这一水准，更令人赞赏的是，其情感性诉求是通过传播一种铭记于中国人骨子里的生活形态来完成的。当消费者对这种“白头偕老、百年好合”的情缘产生由衷的向往时，自然会对百年润发洗发水青睐有加。

一、时代不同了，有染不一样

从 2000 年开始，由于母公司重庆奥妮的改制失败和资金链断裂等问题，百年润发开始无力投放大量的媒体推广与宣传。然而，根据 CMMS（即中国市场与媒体研究）的中国品牌发展报告显示，直至 2002 年，百年润发品牌的市场渗透率仍然高达 10%，在国内众多洗发水品牌当中名列第十一，在国产品牌当中则仅次于舒蕾，位列第二。而这一良好业绩，几乎完全依靠 1997 年投放的这则广告。

然而，广告仅仅能够起到维护品牌的作用，却无法抵御企业的衰败。从重庆奥妮无力支付广告费用的那一刻起，这则令无数中国人为之感动的广告不得不黯然谢幕。久而久之，人们逐渐忘记了百年润发这一品牌，传媒的目光也被层出不穷的新品吸引，任其在静默中走向死亡。

时至今日，百年润发电视广告的经典已经难以复制。随着社会信息的多元化，像周润发这样影响了整整一代中国人的社会名流少之又少，名人广告也因此渐渐不再拥有推广新品牌的能力。许多明星同时为数个乃至十多个品牌代言，不但其人在消费者心目中失去了尊崇的地位，连品牌自身的含金量和美誉度也遭到不同程度的稀释。在这种的情况下，人们还会信任此类的人物有染吗？

二、广告已死，请勿烧纸

在中国，一则广告唱红一个品牌的例子一度层出不穷，而“百年润发”的电视广告则是其中被公认为最完美的经典之一。凭借绝佳的创意、精心的制作以及荡气回肠的脚本，这则广告在征服无数观众的同时，也一举夺得了第五届全国影视广告金奖。

尽管百年润发逐渐淡出了人们的视线，其开创的植物系洗发水却已在消费者心目中牢牢地扎下了根。当 2008 年 7 月新一代百年润发电视广告重新出现时，媒体激动了。

令人失望的是，在新的广告片中，少了优美的京腔配乐，多了直诉衷肠的台词。当新的代言人刘德华在片中频频拥吻恋人倾诉着“爱你就要一百年”时，我们不禁回想起周润发在古式梳妆镜上写下的“百年好合”四个朱砂红字后、镜中女子垂首娇笑的镜头——这两者之间的寓意与视听美感何止天壤之别！

业界和媒体对新东家纳爱斯集团这一名人有染的定位大多持否定态度，终端市场上百年润发的新品也毫无悬念地业绩惨淡。据相关专业调查显示，在北京、上海、广州三地随机选取的 1200 位常住居民当中，近九成人不会因为新广告而购买百年润发洗发水，3/4 的居民则明确表示：如果商家将百年润发洗发水作为赠品，他们才会接受，否则不愿为之埋单。

这样的结果使纳爱斯集团高调进军洗发水高端领域的梦想破灭了。其在

2008 年央视黄金时段广告招标会上为全年特约电视剧场冠名权一掷的“千金”（约 2.3 亿元人民币），以及在央视密集播出的广告，最终也只换来不温不火的市场反馈和入不敷出的销售额。

2007 年，联合利华曾为“清扬”密集投放广告长达 9 个月，才在终端市场上达到海飞丝 1/3 的市场占有率。业内人士普遍认为，事已至此，纳爱斯集团若是想恢复百年润发当年的巅峰状态，能否长时间密集投放广告是关键因素之一，而这笔支出毫无疑问是相当庞大的。

三、是什么让百年润发“泯然众人焉”

百年润发前后都采用了人物有染策略，而且刘德华的名气与当年的周润发相比有过之而无不及，更何况新广告片中还植入了刘德华当时的新电影《烽火佳人》中的经典场景，而公众对两者的评价为何差距如此悬殊呢？

你的答案也许是创意，但实际上两者的创意不相上下，都是试图通过情感打动消费者。析易国际认为，它们之间最大的差别在于创意与品牌本身的融合程度。

周润发版的百年润发广告与其说是一则广告，不如说是一部精彩的微电影，其情节之完整、主题之厚重、意蕴之悠长，将“百年润发”品牌的核心概念阐述得淋漓尽致。而事实证明《烽火佳人》并非刘德华具有影响力的作品，将该电影桥段植入广告，首先便丧失了故事的完整性。其次，“调理的滋味无法割舍”等台词与“青丝秀发，缘系百年”相比，在韵味、生活理念表达、扣题程度等方面均逊色得多，且当时市场上并非只有一款调理洗发水，显然，新广告缺乏一个强有力的诉求点。

对于当今大多数的国内企业而言，为一则失败的广告埋单司空见惯。在给出理性采用人物有染策略建议的同时，我们更愿意看到企业在广告和传媒身上双管齐下，万一广告收效不佳，媒体至少会在舆论方面对消费者起到良好的导向作用。

析易国际更倾向于重点通过品牌有染来推广一个全新的品牌或者复生一个旧有品牌。当品牌在市场上立足之后，广告才能够发挥强化品牌形象的作用。在眼下这个时代，无论多么有创意的广告也只能维持一时的热度。正如植入火暴一时的新片《烽火佳人》一样，所谓的“创意”对于企业来讲毫无现实和长远利益可言。而像周润发版百年润发广告这样富有生命力的作品，才能够真正维护品牌在消费者心目中的地位。

重在发挥名人的权威性

2011 年 6 月初，一年一度的“巴菲特慈善午餐”争夺战吸引了包括中国企业家和投资者在内的全球各界人士的关注。年届八旬的“股神”巴菲特在此次拍卖过程中再次强调，他允许竞得午餐机会的人士携带七人共同赴宴，但席间禁止谈论股票。

与股神共进午餐，却不谈论股票，这是什么道理?

然而根据以往竞拍成功的企业家们的说法，与巴菲特这样大师级的投资人面对面交流并非只为交流炒股心得，用 2006 年竞拍胜出的“步步高”教父段永平的话来说，与股神的面谈是为了深入学习其多年来的投资观念，而这些观念对每一个投资者来说都是无价之宝。

一、天价“约会”

“巴菲特慈善午餐”的竞拍活动始于2000年。截至2011年年底，这一活动已走过了11个年头。前三年，“巴菲特慈善午餐”均是通过线下拍卖会的形式进行竞拍，其成交金额不超过10万美元。从2003年开始，这一活动开始转移到著名网站eBay进行网络竞拍，而当年的成交价随即攀升至六位数。截至2010年，在11名竞得天价午餐餐券的幸运儿当中，除了5名神秘的匿名者，其他分别为纽约对冲基金公司主管戴维·埃尔霍恩（2003年，25万美元）、新加坡Gems TV Holdings Ltd.首席执行官贾森·朱（2004年，25.01万美元）、步步高创始人段永平（2006年，62.01万美元）、帕伯莱投资基金执行合伙人莫尼斯·帕伯莱（2007年，62.01万美元）、中国香港赤子之心基金经理赵丹阳（2008年，211万美元）以及加拿大Salida财富管理公司首席执行官库特奈·沃尔夫（2009年，168.03万美元），而2011年的“巴菲特慈善午餐”价格则为234.5678万美元，与2010年的263万美元相比，暂时屈居第二位。尽管如此，这一数字仍然比2001年1.8万美元的成交价高出百倍以上，不少中国人开始追问：巴菲特的天价午餐到底值不值？值在哪里？

实际上，在2008年赵丹阳再次刷新“巴菲特慈善午餐”成交价纪录的时候，人们就在反复争论天价午餐的值与不值了。作为当事人的赵丹阳对媒体这样说道：“这顿午餐绝对值得，我得到的东西将会对我下半生的投资产生重大影响，这是无法用金钱来衡量的。”

二、巴菲特的名气是如何“变现”的

有中国“私募教父”之称的赵丹阳自1996年开始，长期投身于投资及资产管理行业，是第一批将海外信托基金模式引入中国大陆的基金经理，也是股神巴菲特的忠实信徒之一。2008年，他以上年成交价3.4倍的价格拍得与巴菲特共进午餐的机会，这一价格折合为人民币在1400万元以上。

经历了2008年国内A股市场的“无双”熊市之后，赵丹阳在2008年年初的牛市尾声中果断清盘、全面撤出A股市场的理智举动为其赢得了无数投资者的信赖，而赵丹阳本人则将这种果敢归功于巴菲特的投资观念。

2009年6月24日，赵丹阳携带七位亲友与巴菲特在美国曼哈顿Smith & Wollensky牛排馆共进午餐。这一午餐持续了整整四个小时，席间大多探讨的是投资方面的问题。此外，赵丹阳还在席间向巴菲特推荐了连锁零售商物美商业（08277.HK）这只股票，而股神的答复是“回去看看”。

这一话题的披露对于媒体来说含有绝佳的新闻价值，于是，几个小时以后，几乎全世界都知道了挂牌于港交所的物美商业。此后连续三个交易日，物美商业累积暴涨24个百分点。而自2008年3月便位列物美流通股第一股东的赵丹阳，于账面上至少赚入4亿港元（约5000万美元）。如果将211万美元的“午餐费”视为一项投资的话，赵丹阳只用了一年，便从中获取了4700多万美元的高额利润。

三、百万美元买来公信力

利用巴菲特强大的公信力，赵丹阳用事实证明了“巴菲特慈善午餐”的价值，而实际上赵丹阳从巴菲特身上获得的远非这一点收益。

世界上从来没有过像巴菲特这样以善于分配财富而赢得更多财富的奇人，他看待市场的方式、投资的哲学观念以及对全球资本市场的影响力，均值得后辈敬仰和学习。2006 年，段永平在接受《第一财经日报》记者采访时这样表示：

“人们总是问我花 62 万美元跟巴菲特吃顿午饭是亏还是赚，我想说的是，这不是一单生意，我和他面对面交流，可以对他的观念做更加深入的了解，这样，以后可以少犯很多错误。事实上，我从巴菲特身上学到的种种，让我在美国赚到了比 62 万美元多得多的财富。所以说，巴菲特的午餐是无价的。”

十多年前由于巴菲特的一本书投身投资行业的赵丹阳，与段永平的看法极其相似。他对媒体这样说道：“尽管看过与巴菲特相关的很多书籍，但与大师面对面交流的感觉完全不同，更何况书上讲述的大多是陈年往事，人始终是会进一步成熟的，巴菲特也不例外。”

与巴菲特共进午餐之后，赵丹阳不仅入选 2009 年度 CBN 的十大理财人物，身上也笼罩了一层神秘的光环。不过，作为国内顶级私募基金经理，赵丹阳不可能像影视明星一样以扩大个人魅力和影响力为己任，他最注重的还是与名人有染之后产生的商业价值与社会价值。

四、人物有染的价值知多少

对段永平和赵丹阳先后两次刷新午餐价格纪录，巴菲特本人其实是相当惊讶的。他原本只是想借助自己的影响力为旧金山慈善组织格莱德基金会（Glide Foundation）筹集捐款，并且，在午餐过程中他从不向对方传授所谓的“投资之道”。然而，被国内投资者奉若神明的巴菲特作为无上权威的信息源，与其“有染”的任何信息都具有权威性。而这些信息对于有心人来说，无疑是千金难买。

在析易国际看来，“巴菲特慈善午餐”的拍卖价格越高，其轰动效应也就越大；媒体越激动，相关报道越多，其衍生的经济价值也就越大。尽管赵丹阳屡次否认利用巴菲特“操纵”股市，但正所谓“无心插柳柳成荫”，物美股价的飞速飙升便是这方面的绝好例证。

自2008年年中以史无前例的高价拍下“巴菲特慈善午餐”餐券以来，市面上一直有舆论批评赵丹阳，说他再一次向世界完美印证了中国人“人傻钱多”的负面评价。然而，当赵丹阳在物美商业上赚得钵满盆盈之后，这些质疑与嘲弄的声音便全部消失了。

事实证明，无论从社会价值还是商业价值的角度来看，人物有染都是推广一件事物，乃至一个人的极其明智的选择。当然，企业和品牌也包括在内。在演艺界，凭借成名人物“上位”的新人层出不穷；在商界，人物有染也同样方便快捷、行之有效。

析易国际认为，巴菲特的百万美元午餐至少让企业明白一件事：人物有染不仅是邀请名人这么简单，最关键的是如何将名人的权威性充分发挥出来。你不得不承认西方经济体系的完善与成熟，也不得不敬佩一些创造了商业奇迹的“洋”巨人，析易国际只希望中国的企业界出现更多的“有心人”，能够进一步开拓人物有染的范畴和价值，做出真正的国际一线品牌。

贵在不同凡“响”

全球企业界没有谁不知道杰克·韦尔奇的大名。这位被誉为世界第一CEO的前通用电气集团首席执行官，在20年的任期内，将通用电气的世界领先地位由三个领域扩充到十二个领域，其中九个领域的相关部门已列为《财富》榜单上的500强。

2011年9月中旬，几近耄耋之年的韦尔奇再次来到中国。在与泸州老窖股份有限公司董事长谢明的对话过程中，有感于泸州老窖的富于活力和良好的发展态势，韦尔奇发出了语惊四座的感慨："如果年轻30岁，我愿意成为泸州老窖的员工。"

一、"中国创造"的感召力

作为中国浓香型白酒发源地的泸州老窖，拥有始建于公元1573年的窖池群。这一窖池群拥有百年以上的窖池1619口，是中国建造历史最悠久、保护最为完整的国宝。早在1996年，泸州老窖便因此成为业内第一家全国重点文物保护单位。2006年，泸州老窖的传统酿制技艺再次被国务院批准为国家级非物质文化遗产，成为业内首家坐拥"双国宝"的公司。

在泸州老窖董事长谢明与韦尔奇的对话中，前者向后者介绍了泸州老窖如何尊重人才、培养人才，并将这一人才机制融入绵延了400余年的特有文化中。泸州老窖一面浸淫于历史的厚重感，一面通过迅猛发展，成长为实力雄厚的现代化企业，然而仅凭这些并不能使韦尔奇"倾倒"。

那么，到底是什么原因，能够令世界第一CEO如此赞叹泸州老窖，甚至甘愿为其打工呢？仅仅是由于泸州老窖丰富的历史和文化底蕴，抑或是完善的人才机制吗？显然并非如此。真正令世界第一CEO啧啧称奇的是中国企业从"Made in China"走向"Created in China"(中国创造）的崛起之路。

目前，中国作为制造大国，国际地位已经毋庸置疑，但制造业的繁荣并不能为中国企业带来良性发展。唯有高附加值的创造之路，才是实现打造战略性产业价值链的梦想的关键所在。

近年来，中国的家电、集成电路以及移动通信等国家战略产业发展十分迅猛，在世界上赢得了广泛的认可。而来自世界各地和各行业的目光也开始聚焦中国，准备见证中国产业由低附加值向高附加值全面转型的历史性时刻。

在这样的背景下，作为慧眼如炬的一流企业家，韦尔奇与一群顶级中国企业家会晤，感同身受之际，发出“愿为泸州老窖打工”的感慨就不足为奇了。

谢明与韦尔奇会谈的第二天，中国媒体争先恐后地大篇幅报道韦尔奇这一令人震惊的“心愿”。这些爆炸性的新闻报道除了提升国人自信以外，也为泸州老窖带来了“有染”的奇效。

二、站在巨人的肩上与世界对话

迪士尼董事长曾这样说道：“杰克·韦尔奇不仅是一个商业巨人，同时也是一个有灵魂、有头脑的巨人。”既然这位世界级的 CEO 教父对泸州老窖如此赞赏乃至悠然神往，业内业外对泸州老窖的兴趣自然空前爆棚。

相关数据显示，在 2011 年 10 月的高中档酒类销量排行榜中，泸州老窖以金奖特曲、头曲、精品头曲等畅销品种稳坐头把交椅。而国内的证券分析师则纷纷给出泸州老窖“主营利润强劲增长”的利好点评，国内权威券商以及评级机构，如平安证券、国泰君安等，均给予泸州老窖“增持”或“强烈推荐”评级。

2011 年 10 月 10 日，第二届“中国酿酒大师”颁奖典礼在钓鱼台国宾馆举行，泸州老窖传统技艺第 22 代传人、设计总工程师张宿义被授予“中国酿酒大师”称号。这是中国白酒行业的个人最高荣誉称号，至此泸州老窖已经拥有三位“中国酿酒大师”。

自从1915年温永盛酿酒作坊生产的“三百年大曲酒”(泸州老窖特曲前身)在美国旧金山万国博览会上一举夺魁之后，泸州老窖先后赢得国际各类展览会、评比会的金奖，并赢得了包括民国著名政治活动家章士钊、共和国前总司令朱德在内的不少名人的赞誉。

如今，泸州老窖不仅成为中国白酒行业的泰山北斗，更因为韦尔奇的赞赏而进一步享誉国际、荣耀国人。如果说其他中国企业通过名人效应使得自身品牌大有起色或者闻名全国，那么，泸州老窖与韦尔奇的“有染”可以说是为中国品牌打开了一条通往全球尊崇地位的光明大路。

三、人物有染，重任在身

曾经风靡中国企业界的“冲出亚洲，走向世界”的口号，如今早已过时。对于眼下的中国企业来讲，进军国际市场不难做到，做出享誉国际的经典品牌才是企业家们奋斗的目标。

先有被誉为“民族之光”的海尔集团，后有凭借“变频节能低碳环保”技术征服世界的格力电器，而高喊“人类失去联想，世界将会怎样”的联想则一直在致力于全球的战略布局，力求成为全球第一的PC品牌。然而，大多数中国企业仍然深陷于“大国寡品”的泥淖中无法自拔。

德国在“二战”后经济全面振兴的过程中，“德国制造”成为精工制造的代表，宝马和奔驰则征服了全球汽车行业的消费者。日本崛起成为亚洲经济领导者的过程中，丰田、索尼、松下等品牌风行全球，“日本制造”也成为实用主义的象征。

在经济高速发展的同时，中国品牌必须在全球树立同等重要的位置，否则，中国企业将沉沦在低市场营销能力——高生产制造能力——低研发创新能力的

“哭泣曲线”中，饱受内忧外患而永无宁日。实现这一目标的方法中最为快速有效的，莫过于与国际知名人物“有染”，而这种人物有染则贵在与寻常新闻不同，它具有核爆炸一般不同凡响的冲击力。

无论“愿为泸州老窖打工”事件是韦尔奇现场有感而发所致，还是企业良好公关的结果，泸州老窖的确凭借韦尔奇的“背书”，一跃成为全球白酒行业的一线品牌。作为中国品牌营销策划人的我们，从中看到了中国产业国际化的一线曙光。

第七章　话题有染，热议到底

诱发商机：有预谋地制造话题

2011 年 10 月 24 日，一改以往筹备过程中“严防死守”的惯例，央视春晚总导演哈文破天荒地接受了《南方都市报》的采访。在采访过程中，哈文对记者明确表示：2012 年春晚直播过程中将抹杀各种形式的广告痕迹，以往的春晚冠名、零点敲钟冠名、套装广告以及植入广告等形式的广告全部包括在内。

这一消息迅速引发了公众对春晚前所未有的关注。翌日，各类媒体纷纷以极大的热情撰写各类文章，对“春晚零广告”进行深度报道，使得 2012 年春晚迅速成为人们持续热议的焦点话题。

一、时进斗金

除了一般电视媒体平台的商业、娱乐和传播属性，央视拥有国家电视台的特点——公共性。而央视的春晚从一台普通的联欢晚会，成长为全国人民的“年夜饭”，从本质上来讲也并非商业节目。

然而，2002 年前后，春晚开始正式走上商业化的道路。这样做的好处便是：10 年间，这一决策至少为央视带来了 40 亿元的广告收入。

2009 年，春晚为百度总裁李彦宏专门拍摄了一组特写镜头，便从中获利 4700 万元；而第二年在某春晚小品中强势植入广告的数家企业，则为此向央视双手奉上 1500 万元的广告费用。据相关数据统计，2010 年春晚的整体广告收入至少达到 6.5 亿元，这还是一个相当保守的数据。而 2011 年尽管春晚剧组承诺“消灭”植入广告，但在当年的春晚广告招标会的总标底（包括春晚冠名、整点报时、套装广告三个标底）仍超过 2.9 亿元。

从 2002~2011 年的 10 年间，央视每台春晚的总时长均维持在 4.5 小时左右。按此计算，每个小时的春晚节目皆为央视制造了近亿元的盈利。

2011 年 11 月 9 日落幕的央视黄金资源广告招标会上，央视 2012 年广告预售额总计 142.5757 亿元，创下了 18 年来的最高纪录。按照这种趋势，2012 年春晚的冠名、报时、节目评选和套装广告等势必超越 2010 年，再创历史新高。然而，正如导演哈文所说，往年的报时广告招标以及“我最喜爱的春节联欢晚会节目评选活动”的冠名招标，却并未在这场招标会上现身。

全国媒体集体兴奋了：2012 年的春晚果真零广告！

二、浴“血”重生

时至今日，与其说春晚是一台单纯的晚会，不如说它是央视提升收视率的一张王牌。就如同“新闻联播”、“焦点访谈”、“东方时空”等权威性栏目一样，将“春晚”视为一个顶级品牌绝不为过。

然而，相关调查显示，节目形式单一、演员班底老套、脱离现实生活等原因，近年来令春晚饱受非议。除此之外，过于浓厚的商业气息也一直被媒体视为春晚的败笔，最为全国观众所诟病。广告植入最为“生猛”的2010年春晚播出后，在一些传媒眼中，春晚一度沦为春节的“鸡肋”，一则“请不要在广告时段插播春晚”的笑话甚至在老百姓中间迅速流传开来。

与此同时，春晚收视率也逐渐呈现萎缩趋势。2007年春晚的收视率尚为29.74%，2008年、2009年两年均有所下降，到了2010年，这一数字已经下滑至27.33%。按照13亿人口计算，从2007~2010年，春晚至少流失了5000万观众，并且这5000万观众年龄大多在30岁左右，是企业植入广告的主要受众群体。

作为一个国有顶级品牌，春晚最大的价值在于其浓郁的政治和社会意义，近年来的“只叫座、不叫好”，显然与这一品牌的形象和本质背道而驰。既然如此，2012年春晚是否“零广告”并不重要，对于企业来说，真正值得借鉴的是春晚通过话题有染，成功地打响了一场“翻身战役”。

尽管零广告为央视带来一笔巨额的间接损失，但是，这一所谓的“大出血”与2012年超过147亿元的广告预收总额相比，也不过是一场毛毛细雨。牺牲一年的春晚广告收益，换取“春晚”这一品牌的新生，如果是你，这笔生意你有什么理由不做呢？

三、这就是话题有染的魅力

事实上，每一年的下半年开始，春晚总会借助媒体营销自己。这一点，只要从春晚剧组总是专门设立宣传部这一“规矩”，便可以体会得到。

往年，从挑选演员到筛选节目，从“泄露”节目单到放出专题纪录片，从

“冠名权花落谁家”到“山寨春晚 VS 央视春晚鹿死谁手”……总之，整个下半年里，“爆料”与“事迹”连绵不绝，且无一不显示春晚运用“话题有染”技巧的娴熟。这些技巧为“春晚”这一品牌的形象塑造与传播做出了杰出贡献。

2011 年 7 月，自从被选为 2012 年春晚总导演之后，哈文便陆续在微博上披露范增、张艺谋等重量级人物对 2012 年春晚的建议，身为其丈夫的央视名主持人李咏也现身力挺，对这些微博表示“严重同意”。

总导演在网络上积极造势的同时，各大媒体亦跟踪报道了哈文率领春晚剧组接连组织的八场座谈会，据说，座谈会的会议纪要整理下来高达 10 万字。这一系列的座谈会只为确立一个目标，即春晚的主题。最终，在文化界、文艺界、传媒界、普通群众和大学生组成的“智囊团”的协助下，哈文最终达成了目的——将 2012 年春晚的主题定为“回家过大年”，并称这一主题是为了使春晚“接接地气”。在这个过程中，我们清楚地发现，央视此举正是通过话题有染，走出了改善春晚品牌形象的第一步。

2011 年 10 月，随着一张 2012 年春晚的“节目单”的曝光，春晚再次点燃公众的热情。在这一“在楼梯间拾到”的节目单上，除了赵本山、小沈阳以及演艺界一群 1988 年出生的“龙子龙女”之外，2011 年度在《裸婚时代》和《步步惊心》中大热的杨颖、杨幂、彭于晏、冯绍峰等人气演员的名字也赫然在列。

虽然春晚剧组按照惯例予以否认，但我们对此心知肚明——每一年都会有不同渠道提前曝光的节目单，而曝光理由则惊人的相似，与其说是偶然，不如说是有预谋地制造话题。这正是话题有染的常规路线，也是其魅力所在。

四、大家好，才是真的好

“此番央视下决心全面封杀广告，意味着不仅没有植入广告，甚至连零点报时、冠名之类的都没有。这对央视来说，是一笔巨大的间接损失，但焦台长的指示就是要让百姓满意。”哈文如此说道。

在此类大量的正面宣传之下，观众对零广告的2012年春晚充满了期待，甚至原本对春晚缺乏兴致，甚至不看春晚的人，心中也不免好奇——在这个信息过量溢出的时代，就连天气预报都嵌满了景观广告，还有谁见过零广告的电视节目呢?

析易国际以为，春晚零广告至少还有先例（1983年的春晚就是绝对的零广告），但是如此成功的话题有染，堪称春晚品牌营销有史以来的No.1!

“零广告”明面上是为了满足观众需求，暗地里同时保障了春晚的长期收益，这正应了一句著名的广告词：大家好，才是真的好。而央视能够造就如此的“双赢”局面，不是“深得营销精髓”，又是什么呢?

话题有染常靠“流言”获利

2011年3月中旬，受日本九级地震与核辐射危机的影响，江苏、浙江、福建、上海、广东等中国沿海地区的老百姓迅速走上街头，打响了一场轰轰烈烈的“抢盐大战”。上至发达城市，下至偏僻乡村，不仅各大超市、商铺货架上的食盐“惨遭掳掠”，就连榨菜、腌菜、酱油、海带、紫菜等含盐或含碘商品也身价倍增，成为可居的奇货。

究其原因，大量在互联网、手机短信、微博圈子等新兴媒体中传播的流言正是导致此次抢盐战争的“罪魁祸首”。诸如“我国周边海域遭受核污染，今后海盐将无法食用”、“核辐射对我国危害很大，只有碘可以防辐射”、“若是库存不足，今后碘盐一定会价格飞涨”之类似是而非的说法，尽管被官方证明纯属造谣，但无论是专家普及的科学理论也好，政府公布的储盐数据也罢，都无法阻挡这股抢盐风波席卷中国大地，最后，甚至连与日本福岛第一核电站远隔3200公里的四川地区也闹起了“盐荒”。

一、谣言猛于虎

像这样的抢购大战并非史无前例。

2003年“非典”期间，全国人民也曾大量囤积白醋、中药和板蓝根冲剂；2008年汶川大地震后，也有许多百姓以为饮用水遭污染而疯狂买入瓶装水……心理学理论提出的“羊群效应”，在这些荒诞事件中得到了最佳印证。

两千多年前，雅典城曾经暴发过一场小规模的瘟疫。当时的居民并未想办法阻止疾病的传播，他们宁愿相信“宿敌投毒”的谣言，四处围捕那些根本不存在的“投毒的敌人”。得不到有效控制的疫病因此而迅速蔓延、所向披靡，使得一场小型瘟疫最终成为祸及希腊半岛整个阿卡提地区的巨大灾难。

谣言的历史源远流长，谣言的力量历久弥新。

“迷信”所引发的疯狂抢购在一夜之间横扫大江南北，套用一个很“潮”的句式：不管你服与不服，谣言的力量就在那里。

二、话题是一把“双刃剑”

我们知道，谣言在本质上只是一种心理情绪的传播，它之所以拥有破坏力，是因为谣言传播的大多属于“恐慌”之类的负面心理情绪。如果将负面情绪换作某种积极情绪，谣言便不再是谣言，而是合法且强大的营销手段，即话题有染。

2010年，湖南卫视通过话题有染，成功打造出一颗“中医明星”，一时间，举国上下谨遵其教诲，家家熬制绿豆汤，导致绿豆、黑豆等粗粮的价格骤然升高。在该明星被“打倒”之后，老百姓依旧钟爱绿豆汤和粗粮饭。人们认为，“中医明星”虽然不再可信，但粗粮的养生效用本身却是值得信赖的。

所以，即便话题本身存在争议，也同样能够为商品注入新的活力。对于企业来讲，重要的是如何通过正面话题来运用这一力量。

三、成也微博，败也微博

日本核电站爆炸之后，不仅中国人抢盐，韩国人和美国人也纷纷抢起了海藻和碘片。当然，这些闹剧的背后都有一个相同“导演”——“邪”的话题，即谣言。这些谣言首先打着“科学”或“专家建议”的旗号，为的是获取公众的信任。接下来，它们借助那些新兴媒体而非传统媒体的传播能力进行迅速扩张。从直观上来看，谣言的传播速度显然比核辐射快得多。

当然，与非典期间的板蓝根抢购风类似，这些谣言来得快，去得也快。有趣的是，新兴媒体在辟谣过程中亦起到了主要作用。

例如，新浪微博在为抢盐辟谣的过程中，第一时间紧急启动了辟谣机制，来应对网络上的流言蜚语。除了植入实时监控程序以外，新浪微博还开放私信，并专门为网友设立举报邮箱。而官方亦选择与腾讯等媒体合作，通过QQ群、QQ微博的形式进行辟谣，使得谣言没能造成严重的社会后果。

如果说新兴媒体是此次抢盐大战的罪魁祸首，那么，它们同时也是至关重要的止谣“智者”。这一现象对于企业的启示可谓宝贵：既然新兴媒体在传播的正反两方面均能起到举足轻重的作用，那么，运用新兴媒体来传播正面话题，岂非美事一桩?

四、话题是社会心理需求的“放大镜”

中国科学院心理研究所副研究员樊春雷认为，人们相信谣言并做出抢购行为，是一种恐慌心理之下的自保行为。在这种心理下，官方怎样解释、辟谣也不起作用，人们的想法始终是“做点什么，总比什么都不做要强”。基于这种想法，从众行为和群发性行为才会产生，“羊群效应”才会出现。

“日本的核危机事件在持续发酵，人们从各种信息渠道了解到事态尚在恶化。根据社会心理的发展来看，当对危机事件未取得科学定论时，人际交流倾向于在日常生活经验的基础上对危机进行加工和放大，从而加重危机情景的恐慌气氛。”樊春雷这样解释道，“而当预期结果很糟时，总得做点什么的心态会促使人们选择突击购物，这实际上是一种谨慎决策——不求收益最大，但求遗憾最小。”

这样看来，抢盐大战本身是“恐慌”的社会心理放大后导致的结果，那么，“需求”作为一种社会心理，在经过放大后将带来何种收益便不言而喻了。

五、“抢盐大战”总导演

2011 年 3 月 21 日，浙江杭州西湖公安分局召开了一场新闻发布会。在发布会上，该分局发言人宣布一个试图通过散布核辐射谣言牟取暴利的非法组织已于杭州地区落网，这些“幕后黑手”将得到法律的严肃制裁。

随着这一消息的传出，其他“抢盐大战”的幕后导演逐渐浮出水面。有一种说法称此次蔓延全国各地的抢盐风波的根源正是“热钱”。

所谓“热钱”，又称游资，是一种追求高回报而迅速流动于资本市场的投机性短期资金。以往流入中国的“热钱”曾经“爆炒”过股票、期货、货币、房地产、贵重金属甚至绿豆、红豆、大蒜等农产品，此番“热钱”采取了相似的做法，于3月初大量买入盐业股，后于江浙一带抢盐，并散播上文提及的种种谣言。

尽管这一说法缺乏进一步的证据支持，但3月中旬盐业股普遍飙升却是不争的事实。当然，我们并非怂恿企业从事这样的非法活动，这场全民参与的抢盐大战更像是一则生动的反面教材，为企业制造话题、炒热话题、借势有染提供了全新的模型。同时，析易国际鼓励企业向这一模型中注入积极而富于社会责任感的元素，相信基于此元素的话题有染将会产生极好的效果。

连续“放炮”挑起争议

2009年2月，作为广东省人大代表的网易掌舵人丁磊在“两会”小组讨论食品安全问题时，突然高调宣布要投资养猪。

网易养猪，一个多么具有娱乐性的话题！

2009年以来，这一话题不仅是IT行业饭局上的主要谈资，也成了媒体和社会各界热议的焦点。而几年来丁磊每一次现身，都会遭遇同行、朋友以及媒体的集体追问：“猪养得怎么样了？”

终于，两年零一个月以后，即2011年3月，网易正式宣布在浙江安吉建设养猪场，在全国上下再次引起轰动。丁磊甚至笑言，待养猪成功之后，他将在网上开办“养猪学习班”，公开传授网易的“养猪秘笈”。

一、天雷勾动地火

话题有染作为一种强有力的品牌营销手段，一直以来都是“超低投资、超高收益”的代名词。它与“炒作”、“作秀”等行为紧密联系在一起，在不借用外界助力的情况下，通过制造热议话题而使企业获取收益。

这样看来，网易养猪无疑是“作秀”的楷模。

如果你要问何出此言，析易国际的回答是：当一个品牌在话题有染的策略下，不仅获得媒体与国人的广泛瞩目、极具社会价值的公益形象以及政府的大力支持，还很可能获得产业上的巨额收益，更有甚者，这些令大多数企业垂涎三尺的“有染”收益，仅仅是一句宣言所带来的，若该品牌当不起“楷模”这一称号，试问谁还有此资格？

没错，丁磊一句“网易要养猪”，如同天雷勾动了地火，各种各样的良好收益朝网易呼啸而来。而这一切的起源，舆论公认的说法是“火锅事件”。

二、话题，又见话题

2008 年 4 月，丁磊在参加成都《电脑报》主办的互联网论坛后，受邀至重庆名气最大的一家火锅店吃饭。

席间，服务员端上的猪血旺色泽光亮鲜艳，由于知道正常的血旺是暗红色，丁磊在感慨当下的食品安全之余，亦下定了投产农业的决心。

当时在席的《南方都市报》首席记者周炯证实了舆论的这一说法，并很快离职加入网易，而他的第一个职位正是网易的农业事业部副经理。

千万不要以为网易养猪的话题有染到此为止，自 2009 年以来，在媒体和 IT

业内“网易养猪小组”一直是一个十分火暴的名词，而周炯正是该小组核心成员之一。

就像当年美体小铺创始人安妮塔·罗迪克周游世界寻求原材料一般，他随后跟着丁磊先后奔赴位于日本鹿儿岛、神户和西班牙伊比利亚半岛以及荷兰、美国等地的世界最先进的畜牧业养殖场，而媒体的目光也一如当年，追随着“养猪小组”在全球各地的脚步。

这正是话题有染的精髓。

如果不能持续、有效地制造下一轮热议话题，那么上文所说的种种收益终将化为泡影。

一年多来在见识了具有完美大理石纹的鹿儿岛黑猪、吃啤酒花洗啤酒澡的神户牛、世界上最幸福的伊比利亚黑蹄猪等畜牧业知名品种之后，“养猪小组”将未来的网易猪定位为“安全、健康、美味”，周炯对此解释道：“猪生活得舒服愉快，肉质会变好，只有这样，人才会吃得舒服愉快。”

在媒体的频繁报道与网易农业事业的有序进行下，中国人，尤其是浙江地区的人们开始对“网易牌猪肉”翘首以待。于是，在猪肉尚未投入市场的情况下，市场内部已经形成了对网易猪的需求。

当记者就网易猪的价格提问时，丁磊答道：“杭州中上收入的家庭，肯定吃得起。”从中可以看出，网易对自家养猪产业的定位与市场规划均已到位。说到底，网易养猪并非一个单纯的“噱头”，看起来它更像是一个经过深思熟虑的商业帝国扩张计划。

三、万年不遇的养猪人

没错，如果你认为养猪仅仅是一种完美的作秀、无法带来实际收益的话，那么你就未免太小瞧丁磊了。

根据国家统计局 2011 年 8 月 24 日发布的 50 个城市主要食品平均价格变动情况，8 月 11~20 日，猪肉后臀尖价格达到 31.18 元/公斤，环比上涨 0.3%，五花肉价格为 30.22 元/公斤，环比上涨 0.4%。而这一年的猪肉价格与 2009 年同期的 12 元/公斤相比，涨势颇为可观。而丁磊曾透露，其考察过的部分养殖场，在养殖环节的毛利率高达 50% ~60%。

在农业事业部的书架上，《养猪》、《猪业科学》、《中国养猪史》、《默克畜牧手册》、《中国畜牧杂志》等书籍和杂志占据了大部分的位置。此外，"养猪小组"还持续向农业大学教授、畜牧研究所高级工程师和业内资深人士求教，网易农业事业部总经理毛山对记者说，在他背后，有一支堪称世界一流的专家团队。

2011 年 8 月，《都市快报》在一篇名为《实地考察丁磊养猪细节：历时一年考察养猪强国》的报道中称：在中国上万年的畜牧史上，从来没有读书人大把烧钱、游历世界，一门心思只为养猪，丁磊及其"养猪小组"堪为个中翘楚。

四、聪明人做聪明事

自从丁磊宣布养猪之后，从华尔街分析师到中外媒体，从国家部委到地方政府相关部门，纷纷致电网易关注养猪一事。丁磊对此的回答是，养猪实为实业，而非投资，是为了探索中国新农业领域的畜牧业生产模式，带动农民工就业，并尝试解决当下愈演愈烈的食品安全问题。

在丁磊投身养猪考察的一年中，中国的猪肉安全频频出现问题。2009 年，曾获北京奥运会女子柔道冠军的佟文在世锦赛夺冠后，因体内含有具兴奋剂效用的"瘦肉精"而被禁赛两年。同样的悲剧发生在泳坛名将欧阳鲲鹏和羽坛名将周蜜身上，前者不仅被终身禁赛，连其教练也被终身取消教练资格。法国反兴奋剂组织甚至为此发表声明，禁止赴中国参赛的法国运动员食用猪肉。

在瘦肉精、毒奶粉、地沟油、苏丹红、牛肉膏、染色馒头等恶性食品安全事件频发的今天，丁磊等人通过一系列“作秀”，引发大量媒体报道，轻而易举地为网易猪树立了“健康肉”的形象。

2011 年 8 月 23 日，中国互联网大会在北京召开。当天下午，IT 界、企业界名人李开复便发表微博，对网易养猪表示公开支持：

“他（指丁磊）真诚地说网易养猪都是希望让世界更美好，我信。一旦产出健康猪肉，他公开秘方的计划值得尊敬。农业和互联网一样，要在正确的时间做正确的事情，如果三年前养牛或者放羊，都是不对的。丁磊在互联网行业有远见，又值得尊敬，中国需要他。”

自从 2008 年央视曝光百度“竞价排名”与分众传媒“群发垃圾短信”之后，政府与公众开始强烈要求 IT 界大佬们承担起相应的社会责任。而养猪事件无论从哪个方面来看，都对社会有百利而无一害，因此，丁磊养猪看似玩笑、看似噱头，实际上却令网易率先在业内树立起良好的公益形象。这是多少慈善捐款都无法达成的效果，难道不是吗？

在非议中掀起商界海啸

2011 年 8 月中旬，湖南卫视携手“乐视网”同步更新的电视剧《新还珠格格》在观众的一片骂声中点击量轻松突破 3 亿人次，并连续三周夺得电视剧排行榜的冠军。值得一提的是，这部电视剧的最高单日点击量竟然高达 1000 余万人次。

为什么一部被观众唾骂的电视剧能取得这样好的收视率？是电视剧本身确有不可抵挡的魅力，还是电视剧背后的企业和商家运筹得当？

一、让观众忍无可忍的剧情

13 年前红遍大江南北的《还珠格格》已经成为一个无法超越的经典。无论在演员的表演，还是剧情的安排上，都非常精湛。它给观众留下了欢笑声、哭泣声，让人难以忘怀。或许正是如此，当艺术工作者重新翻拍《还珠格格》时，很多人便预言："这将是一个吃力不讨好的事情，因为中国的电视剧不能翻拍、续拍，一旦如此，则原来的艺术生命要么大减，要么直接终结。"谁料到《新还珠格格》在逆流中居然焕发出旺盛的生命力。

其实，这种生命力主要体现在《新还珠格格》荒诞离奇的剧情上。

有《还珠格格》珠玉在前，人们就会情不自禁地拿旧版中的剧情与新版的各个细节进行严密的对比。对比之余，观众对《新还珠格格》的剧情大为不满，纷纷"炮轰"琼瑶毁了 13 年前经典的《还珠格格》，让小燕子变成了名副其实的"小三"。

网友发难，非同小可！琼瑶在博客上无奈地回应："作为一个编剧，没有人比我更爱创作的人物，难道我会用一场戏来毁掉他们吗？"尽管琼瑶言辞诚恳、感情真挚，非但无法抹去《新还珠格格》在大众心目中留下的"阴影"，还引发了更大范围的争论。

然而，任凭网友骂声震天，也没有挡住《新还珠格格》走红的脚步——《新还珠格格》成功地凭借荒诞不经的剧情反染了一把，站在大众的肩上轻松地捧回了收视冠军的奖杯！

二、借力使力的“推手”

在参与收视互动的广大网友中，有近七成的人对《新还珠格格》开骂。面对观众普遍的“逆反心理”，视频网站看到了品牌反染的绝佳时机，如乐视网、搜狐视频、腾讯视频等纷纷投入资金，加入到该剧的宣传和推广中来。这种借力打力的话题有染策略，使《新还珠格格》跻身于2011年暑期最大热门剧之一。

另外，《新还珠格格》不仅通过乐视网等视频网站进行火热的网络互动，还加大了对剧目的推广和炒作，并不时推出关于造型、剧情等方面的反染话题，然后有“预谋”地围绕造型和剧情进行不同程度的戏谑和恶搞，让电视观众和广大网友在骂声中无意识地充当了宣传的角色。

2011年9月8日，《新还珠格格》终于尘埃落定，各位新人演员也凭此剧一举成名，迎来了事业上的春天。当然，除了艺人身价倍增、获得更多机会以外，视频网站、电视剧的制片方和运行商、经纪公司、广告公司等一大批企业也大获其利。

析易国际认为，《新还珠格格》的成功并非时运所致，而是努力使然。在这样一个品牌消费的时代，唯有熟谙社会大众心理和市场营销规则，不受拘囿，另辟蹊径，打破传统的营销模式，才能迅速获得成功。因此，《新还珠格格》的成功之路并非只适用于娱乐产业，其他行业大可奉行“拿来主义”，使话题有染策略为己所用，从而在品牌推广方面起到积极的作用。

第八章　故事有染，脍炙人口

当家人的故事就是品牌的故事

综观那些开创了知名品牌的企业，它们都不是单纯凭借广告将品牌深深融入社会，而是通过创造好的产品和品牌，将自身与消费者之间密切“有染”。这是所有知名品牌之间达成的神秘共识。

对于这些品牌而言，其本身绝非企业映入消费者眼中的标志那么简单。如可口可乐、香奈儿、奔驰、苹果等全球顶级品牌，无一不体现出企业的社会价值，无一不是企业与消费者之间紧密相连的重要渠道。对于消费者来说，这些品牌既难以割舍，同时也难以忘怀。

一、故事的力量

当所有的化妆品品牌都将大把推广费填入广告与电视节目之类的“销金窟”

时，美体小铺（The Body Shop）选择成长为一个“多管闲事”的品牌。

美体小铺的创始人、已故掌门人安妮塔·罗迪克是一个极力倡导天然与环保理念的企业家。她于 1990 年成立了基金会，专门为世界各地的人权和环保组织提供援助，而这一基金会的名字就是其品牌的名称——The Body Shop。同年，美体小铺发表了著名的声明《绿色书》，宣称将逐步淘汰内含有毒添加剂和增塑剂的 PVC 材料，并正式将其产品的使命以及核心价值定位为环保与社会责任。自此，包括品牌标志、产品包装以及门店装修等所有的视觉设计在内，绿色成为消费者心目中美体小铺独一无二的标识。

属于美体小铺的动人故事并非只有这一个：

1993 年，美体小铺发起声援活动，以纪念在尼日利亚因反对发掘石油、破坏环境而惨死的环保人士，使得相关石油巨头最终被告上纽约法庭。

1996 年，为反对化妆品的动物测试，安妮塔收集了 400 万人的签名递交欧盟政府，此后，包括英国、德国、荷兰等欧洲国家纷纷立法禁止化妆品界进行动物测试。

2000 年，美体小铺设立了“The Body Shop 人权奖”，并向获奖人士或组织提供经济支援。两年后，来自以色列、肯尼亚、保加利亚和洪都拉斯四个国家的媒体、公众或非政府组织分别获得了这一奖项，并分享了美体小铺提供的 30 万美元奖金。

……

美体小铺以反对性别歧视、家庭暴力、审美暴力、经济迫害、政治迫害以及环境破坏而著称，全球的媒体与忠实消费者在提及安妮塔或美体小铺的时候，都能自豪地一一列举属于这一品牌的诸多动人故事，仿佛使用美体小铺的产品就是为人类文明的良性发展做出贡献一般。

在此之前，从来没有一个品牌能够将女性保养品的价值由个人需求升级为社会责任感，也从来没有一个化妆品品牌建立起如此之高的美誉度和社会影响力，对于一个企业来讲，这实在是令人难以置信的巨大成功。

二、故事让品牌经久不衰

另一个经典例子来自于加布里埃·可可·香奈儿。

曾作为孤儿、歌女和裁缝的香奈儿，由一个乡村女孩成长为现代时装史上无与伦比的革命者，这位传奇人物的成长历程本身就是一则最令人难以忘怀的故事。

仅在 2005 年之后，有关香奈儿的电影、纪录片和电视剧便有《香奈儿的印记》(Signé Chanel)、《皮埃尔·香奈儿之事》(L'affaire Pierre Chanal)、《时尚大帝》(Lagerfeld Confidential)、《香奈儿》(Coco Chanel)、《时尚先锋香奈儿》(Coco avant Chanel) 以及《香奈儿秘密情史》(Coco Chanel & Igor Stravinsky) 六部之多，因此，创自 19 世纪初的香水 Chanel No.5 以及香奈儿女装在将近一个世纪的时光中，非但没有湮灭在历史长河中，反而愈发令全世界的女性着迷。

从 Levi's 到路易斯·威登，从 Zippo 到施华洛世奇，几乎所有的经典品牌都有一个具有致命吸引力的好故事。就像安徒生笔下的美人鱼感动了无数读者一样，有故事的品牌才能够触动人们的心弦，唤起消费者对美好事物的渴望。

在中国云南，有阿诗玛的故乡石林圭山、一米阳光的发源地丽江古城和人间乐土西双版纳；在中国文体界，有征服 NBA 的姚明、有被授予法国文艺勋章最高荣誉的巩俐和致力于振兴中国电影事业的张艺谋；在中国企业界，有砸冰箱砸出名堂的海尔、摔酒瓶享誉世界的茅台和令尼克松为之赞叹不已的红旗……这些名字当中的每一个，都是通过脍炙人口的故事而闻名于世。

在当今信息量如此巨大的市场环境中，唯有独到的故事才能穿透喧嚣，令消费者听到品牌的声音。一位知名外国企业家雷尼尔·艾佛斯这样说道："任何消费商品，如牛奶、火柴、牙膏等，都能变成奢侈品，不管一个产品多么平凡无奇，只要你能提供一个关于它的好故事并使之流传开来，它的身价就能飙升。"可见，故事之于消费者，正如妆容之于女性，它的使命就是化平凡为神奇。

三、让消费者替你讲故事

没错，所有动人的故事都是说给消费者和潜在消费者听的。

罗马城的历史充满了战争与血腥，它之所以能够成为世界旅游爱好者心目中的浪漫圣地，源于奥黛丽·赫本演绎的浪漫爱情故事《罗马假日》；杭州西湖的断桥原本只是一座普通的桥，之所以成为著名的西湖十景之一，是因为明末有一则凄美的传说，讲述一条白蛇如何与凡人相恋相离。事实如何，人们并不看重，而这些爱情故事却通过口口相传，为这两座城市树立了缠绵悱恻的美好形象。

当消费者在选择一个品牌的时候，会事先通过媒体收集很多相关信息，而据相关调查显示，这些信息中真正使消费者下定决心购买的，乃是其他消费者分享的心得体会。既然人们在决定是否购买一个产品时，如此倾向于倾听别人讲述的故事，那么，企业应该做的无非就是借一个消费者之口向其他消费者讲述自己的故事。

有故事的品牌才有顾客忠诚度，有故事的企业才有市场向心力。在与消费者有染的过程中，故事不仅是一种营销方式，同时也是品牌建设的灵魂。在以人为本的今天，好故事可以为品牌罩上人性化的面纱，消费者在听故事的同时，与品牌进行深层互动。而一个能够引起消费者共鸣的故事，还可以成就品牌的附加价值。当一个企业或品牌的故事通过口碑不胫而走，消费者和潜在消费者必然对其充满欲望。

将消费者的好奇心转化为购买欲

2010 年 5 月 13 日，凡是走进北京崇文门宝鼎中心新世界女子百货的顾客，都发现了一件稀奇事：商场里殷勤周到地提供服务的几乎全是身穿银色马甲、风度翩翩的男服务生，只有数位量体顾问才是女性。这一“特色”为新世界女子百货带来了媒体与消费者的极大关注，仅开业首日当天，客流量就直逼三万人大关。

清一色帅哥的热情服务，让女性顾客们在诧异、羞赧的同时，虚荣心也得到了极大的满足。当女人们走出试衣间之后，为之服务的男服务生连普通商场导购的推荐和赞美都省了，他们仅凭借或惊艳或欣赏的目光，就能促使顾客下决心掏钱。

一、噱头十足的故事有染

据相关媒体报道显示，该女子百货为香港新世界集团旗下第一家以性别为主题的商场，经营面积约为 40000 平方米，仅筹备工作就耗时将近三年的时间。

与其他综合性商场相比，入驻新世界女子百货的一些品牌，如澳洲著名护肤品牌格兰玛佛兰、德国有机护肤品牌拉薇等在国内百货业难得一见。同时，新世界女子百货还专门为一些广受女性欢迎的品牌设立了“工厂店”，即只要是该品牌生产的产品，包括内衣、床单、时装、装饰品等在内的全系列产品都陈列在同一个店铺中，与其他商场的家居、服装、饰品等分类方式截然不同。当然，新世界女子百货引起公众广泛瞩目的原因不只如此，最令业界与消费者为之目眩的，还要属“男色”的噱头。

自 2001 年“花样美男”F4 将男色引入女性消费领域开始，中国社会迎来了一波全新的“男色”潮流。在女性消费潜能大幅增长的同时，女权意识与女性文化也得到了充分的发展，女人欣赏和消费男人之“美”已经逐渐为社会所认可。作为一家有特色的主题商场，新世界女子百货正是抓住了这一需求，大胆创造了以“男性服务”为主要噱头的集客之道。

通常与消费者有染的重点，在于激发消费者的好奇心和兴趣。消费者绝不会费神与别人讨论自己拥有的每一件商品，只有那些独具特色的产品才能成为口口相传中的主角。而对于百货公司主要目标消费群体的成熟女性来讲，帅气而善解人意的男性服务生更容易俘获她们的心意，成为这些女性消费者与他人兴奋讨论的话题。

二、集体遭遇滑铁卢

众所周知，百货公司是世界上历史最为悠久、市场最为饱和的行业之一。尤其是对于目前中国的百货业来说，竞争越来越趋于同质化，已经在全国形成了“千店一面”的市场环境。在这样的情况下，益发多样化的消费需求难以得到充分满足，越来越多细分市场的空白，可以看作是孕育个性化主题商场的肥沃土壤。如此看来，女性主题商场的前景和发展空间委实不可限量。

在中国，女性主题商场并非没有先例。

早在 20 世纪 90 年代初，中国第一家以女性消费为主题的英斯泰克女士商城便于北京海淀区马甸桥开业。2001 年，北京王府井女子百货亦打出了“创造女性消费梦工厂”的旗号。2007 年，北京世贸新天地“淑女馆”和“绅士馆”

的双子百货，为女性主题商场带来了更富于新意的经营模式。

接下来，全国各地的女性主题商场纷纷开业，被媒体反复报道的主要有上海香榭丽舍时尚主题百货、长沙巴黎春天女子百货、厦门台湾美优美主题女性商场以及成都华励百货等。这些百货商场通过改造门店或邀请新品牌入驻等方式，高调喊出“女性消费”的口号，在21世纪初掀起了一场另类旋风。

然而好景不长，也许是因为21世纪初中国女性的收入水平和消费差异化程度普遍不高，也许是因为这些商场的运营机制不够完善，总之，这些女性主题商场的生意逐渐冷淡下来，最终不得不关张或向综合商场转型。而新世界女子百货也逃脱不了这一“魔咒”。

在“男性服务”的边际效应消散之后，由于与传统综合商场相比商品的实际差异不大，新世界女子百货不得不重新定位自己的目标消费人群，也开始了向综合性商场的转变。

三、金玉其外，也要金玉其中

事实上，对于主题百货公司来说，简单以性别差异来划分商场布局并不足以催生新的商业模式。例如包括新世界女子百货在内的女性主题商场，几乎全都忽略了女性顾客倾向于为男性家庭成员购物的一站式需求。从这方面来看，只有抓住某一个凸显个性化的消费群体进行消费者有染，才有可能获得成功。

2009年，在新世界女子百货名声大噪的同时，北京朝阳区的蓝色港湾商圈也在女性消费者当中“火”了起来。

近年来，女性已经成为消费和购物的主体，而丈夫们则在陪同妻子逛街的同时感受到前所未有的无奈。为此，蓝色港湾开发商在朝阳公园之外的水岸街专门开设了一个“老公寄存处”，为陪同家中女性逛街的男士们提供了落脚之地。

水岸街两侧的地中海式建筑，大多被开辟为茶座和酒吧，每到周末，便有很多男士沿着路标主动来此一边歇息一边等待同行的女性。在等待的时间里，男士们可以在这里上网、吸烟、看报、阅读杂志以及玩棋牌游戏。对这一寄存处，喜欢携带老公逛街的女性消费者们纷纷表示欢迎，同时，蓝色港湾商圈也在这些女性顾客中树立了良好的口碑。

目前在国内商场中，环境优美又服务周到的休息处并不多见，蓝色港湾"老公寄存处"的人性化设计与丰富多样的休闲设施，既便利了那些因长时间逛街而感到不耐烦的男性，又满足了女性顾客不甘于一个人逛街的心理。而这一寄存处也带动了蓝色港湾商圈的消费水平，增加了开发商的整体经济效益。作为服务场所来说，"老公寄存处"毫无疑问开发出了自身的商品价值，不仅噱头十足，同时具有一定的社会价值，可以说，"老公寄存处"为百货行业开启了一种全新的商业模式。

2011 年，新世界女子百货已经沦为大众化的综合百货公司，而蓝色港湾商圈却因为拥有贴心的"老公寄存处"而口碑愈发好起来。从两者之间的差异中可见，故事有染的关键，并不单单是培养消费者的好奇心，而是如何将消费者的好奇心转化成对产品的兴趣。女性对于"男色"很可能是欣赏的，但产品结构组合的差异化才是长期的集客之道。

具有"病毒性"的故事

俗话说，酒香不怕巷子深。其实，再香的酒也无法香飘十里，令酒客们纷至沓来的原因，主要在于巷子外面口口相传的美誉。一个品牌，必须通过与消费者的有效互动才能长盛不衰，而最有效的互动莫过于讲述一个动人的品牌故事。析易国际将这种故事与品牌之间的有机整合称为“故事有染”。

当今社会，越来越多的广告令人麻木，甚至引起大多数消费者的反感。在以广告为核心的营销手段效果大减的情况下，故事有染作为一种返璞归真的品牌推广之路，以其原始、简单而又直指人心的优势俘虏了企业的心。

一、是谁打造了“灵魂栖息之地”

“让身体下地狱，让眼睛上天堂，让灵魂归故乡”，这一经典比喻，正是无数对西藏着迷之人为其树立的傲人口碑。自从 20 世纪 90 年代开始，通过日益发达的网络传媒，西藏逐渐成为广大旅游爱好者心目中的净土天堂。2006 年，青藏铁路的通车终结了西藏“不与外界相勾连”的历史，与此同时，“坐上火车去拉萨”作为众多国人心中的一个梦想，终于变得触手可及。

以往提起西藏，人们只会想起教科书中所提的世界上面积最大、海拔最高的青藏高原，想起位于世界屋脊之巅的珠穆朗玛峰，以及松赞干布专为文成公主兴建的布达拉宫。而对于如今的旅行者而言，“西藏”这一名号则拥有了更为丰富的谈资：人间仙境一般的“天湖”纳木错和“碧玉湖”羊卓雍错、尼色日山下的“吉祥须弥山”扎什伦布寺、群山环抱的羊八井温泉、数十万公里野生动物成群的藏北草原、拥有 1500 年历史的茶马古道以及壮丽的世界第一深谷——雅鲁藏布江大峡谷……

如今，位于中国西南边陲的西藏已经与埃及的开罗、意大利的威尼斯、巴勒斯坦的耶路撒冷、秘鲁的马丘比丘等著名旅游胜地齐名，被全球的旅游爱好者封为“十大怀古圣地”之一。而“西藏”这一旅游品牌的成型与壮大，与旅行者的口口相传密切相关。

二、令全球旅行者为之神往的天堂

最开始，西藏之美只是在那些登山或探险爱好者当中流传，然而，当“驴友”们在相关博客、论坛中竞相上传西藏风景之后，这些仿佛来自于仙境的照片便很快在广大网民当中如病毒般蔓延，最终唤起无数国人对西藏的向往，也成就了西藏“灵魂归宿之地”的美名。

接下来，有关西藏旅游资源的报道和书籍大量问世，《中国国家地理》、《中国旅游》、《旅行家》等知名旅游杂志也纷纷撰写了图文并茂的专题文章，向国内外旅游爱好者推荐西藏独特的民俗景观、历史景观与自然风光。2009 年，蒙古族歌手乌兰托娅凭借《我要去西藏》唱响中国。在人们的心中，西藏正如其歌词中所描述的那样：无边的草原敞开怀抱，随处都是旅行者们心灵的牧场。

由传媒引爆的一轮轮西藏热潮，最终唤醒了来自全球的旅行者的心中渴望。他们冒着高原反应和寒冷气候带来的危险，前赴后继地涌向了中国西藏地区。在被极具冲击性的、罕见的自然风光征服的同时，他们不断向世人重复着西藏的神圣与壮丽，于是，全球数以百万计的旅行者在被问及一生中最想去的地方时，都会毫不犹豫地回答：西藏。

三、病毒般入侵你的大脑

与消费者密集有染的当然并不仅仅是旅游业。

很多消费者在淘宝、京东商城等网上购物平台消费的时候，看重的不是商家的“自卖自夸”，而是其他消费者对于该产品的评价。那些获得一致性好评和更为细致的评价的产品，很容易成为热卖商品，为商家带来丰厚的利润。

人们总是倾向于相信那些与自身有相同立场、同类体验的声音，消费者有染的原理大致如此。而心理学中所描述的“从众心理”，也格外容易成为推动消费者有染进展的一种因素。

让我们来看看那些著名的直销品牌吧，如雅芳、安利、天狮、完美等中国人耳熟能详的名字，无不是通过有意识地引导消费者之间互相推荐而走向成功的。完美“直销员”被鼓励每天至少跟两个人谈事业，安利的“独立经销商”们则会对遇到的每一个人说安利位列世界500强、使用顶级产品原材料的故事。

也许不是每个人都喜欢这些直销品牌，但说起蛋白粉，你总是想起安利纽崔莱的产品；提及芦荟胶，你也总是认为完美芦荟胶是最棒的，而这些都是来自于你的第一反应。这所谓的“第一反应”正是来自于消费者有染的机制，就如同病毒一般，虽然信息源微不可察，但它已悄无声息地入侵了你的大脑。

四、与时俱进的消费者有染

以前，在广告片中向家庭主妇热心推荐洗衣粉的新鲜剧情曾经帮助“汰渍”这一品牌一举攻占中国市场。如今，当电视中充斥着“威猛先生”、“立白”以及“慢咽舒宁”这样的直击采访式或实证式广告，消费者却表示，面对此类广告，首先，他们产生的感觉是质疑和反感，而非好奇。没错，与消费者有染的确是商业运作的重要手段之一，它可以通过与消费者互动来大幅提升品牌的美誉度和知名度，但有染的方式是需要“与时俱进”的。要想在新的社会背景下打好“消费者有染”这张王牌，企业必须赋予品牌一个清晰明确、易于传播的特色，就像西藏凭借“净土”这一概念举世闻名一样。其次，传统的消费者口碑传播见效较慢，规模也难以扩张，企业必须借助互联网以及电子商务快捷、多元、低成本、覆盖面广的优势，对消费者进行“口碑”的强势覆盖。专业性较强的网站和论坛具有十足的说服力，而类似搜索引擎这样的消费者主动搜索的网络平台，则能够避免消费者因单向被动接受信息所产生的负面情绪，从而为消费者有染提供更为丰富的发力点。

另外，如何令消费者自发传播品牌的良好服务或质量，一直是企业思考的核心命题。

当年的可口可乐嘲笑新生的百事可乐是一个没有历史、缺少文化底蕴的品牌，而百事可乐将计就计，打出了“新一代的可乐，新一代的选择”这一旗号顺势进行反攻。在缺乏充足的宣传资金的条件下，百事可乐巧妙借助了可口可乐铺天盖地的宣传，仅凭一支广告成功地俘获了那些追求新鲜感的年轻人，并迅速在他们的亲朋好友之间飞快地流行开来。有很多人甚至声称自己除了百事可乐以外其他饮料一概不喝，以凸显自己独一无二的时尚品位。这是借势与消费者有染的经典案例。

最后，析易国际认为，世界上传播最快的往往都是所谓的“秘密”。就像古希腊神话中的潘多拉魔盒一样，秘密永远具有更为致命的吸引力。在青藏铁路未开通之前，交通的不便导致西藏身上笼罩着一层神秘的光环。“一片神秘的净土，一座人间的天堂”，这样双重的传奇色彩，恐怕正是当年西藏横扫全球旅游界的关键元素吧。

五、从企业发展史中挖掘故事

当我们说“塑造一个品牌”的时候，我们指的并不只是塑造新品牌，还包括那些在消费者心目中不占任何位置的老品牌。

事实上，在大多数老品牌当中，只有极少数能够长期获得消费者的青睐。而值得注意的是，包括广告在内的种种传统营销策略得以顺利实施，必须建立在“故事有染”的基础上。

六、要么活下去，要么被淘汰

品牌时代的到来，使得“酒香不怕巷子深”的时代成为如烟往事。现如今，品牌纷乱繁多，产品琳琅满目，广告无孔不入，竞争越发激烈。即便是一些国际知名的大企业、蜚声国际的大品牌也需要通过大声吆喝把品牌的优点告诉消费者，并不断满足消费者的新需求。

然而，品牌的运作并不仅仅是一通吆喝这么简单，尤其是那些数十年如一日不温不火的老品牌。对于它们来说，如何从一眼望不到底的没落之路上挣脱出来，成了一道至难的谜题。

老品牌拥有久远的历史渊源，是企业留给社会的一笔宝贵财富。可以说，在数百年的生存与发展、传承与创新的过程中，老品牌无形中被赋予了浓厚的历史底蕴，并获得了流传在数代消费者之中的良好口碑。然而，市场环境不断在变，消费者的需求、喜好亦不断在变，如果这些老品牌不能焕发出新的活力，消费者迟早会对其失去兴趣。

近年来析易国际发现，一大批老品牌因为无法跟上时代的节奏和消费者的步伐，要么被淘汰，要么陷入市场底层，处境十分堪忧。而据我们进一步观察，这些老品牌都面临一个相同的困境：产品老化，缺乏亲和力，无法适应新市场，不能满足消费者的多样化需求。如果这些老品牌再不奋起直追，再不顺应“民心”，就会被强大的竞争潮流所吞噬！

七、用复兴代替退休，迎来“第二春”

老品牌面对的形势异常严峻。不论是垂死挣扎抑或是颇有威望，如果打算取得长远的发展，老品牌必须与消费者“有染”。

在生活中我们或许都有这样的体验：一个刚从监狱里刑满释放的人即使重新做人，也难免会受到周围人的非议和提防，这是因为他犯下的罪恶让人留下很深的印象；一个撒谎成性的人即使陈述了事实，也会被人当成谎言，这是因为他不尊重事实的态度让人产生“假话的印象”；从社会心理学讲，消费者对一个品牌的印象与其自身的生活规律一样，都不容易改变。因此，在品牌家喻户晓以后，企业想要推出新产品、更新产品定位、改善营销策略、改变市场战术乃至深化消费者认知，都很难单凭“换一则广告做帽子”来达到目的。

经历种种波折之后，一些老品牌如梦初醒，开始顺应潮流、迎合消费者，不断推陈出新，并获得了骄人的成绩，其中，“青蛙”是典型例子之一。

“青蛙”是雪洁日化的一款牙刷品牌，在20世纪80年代曾深受消费者的青睐。自20世纪90年代后期开始，青蛙的销量和利润每况愈下，消费者普遍反映：“青蛙”老给人一种老土、低档的感觉。

为此，雪洁日化开始反复思索“青蛙”的出路。

有人说，“青蛙”需要加大广告力度，才能改变现状；有人说，“青蛙”应该换个名字或重新打造一款产品，然而，这两种做法的效果并不明显。

一次无意的机会，雪洁日化从“家族品牌”的概念中获得了灵感，开始以消费者为基础，打造“家族品牌”的故事。

雪洁日化认为，拥有一个个温暖、生动、亲切、感人的故事的青蛙品牌有血有肉有感情，能够在消费者的口碑宣传中激发老品牌巨大的能量。如果我们将这些能量激发出来，就可以将消费者的力量转化成市场经济条件下的品牌推动力。而这正是重塑“青蛙”的最大目的。

接下来，雪洁日化将卡通人物作为“青蛙”的新标识。这个卡通人物是一只充满情趣、时尚、个性的青蛙。为了提高消费者对品牌的认知度，雪洁日化把一个个故事串连在“青蛙家族品牌”上，给所有牙刷品类重新赋予了生动的气息。

比如，雪洁日化把儿童牙刷叫“青蛙宝宝”、“青蛙女儿”，把成年牙刷叫做“青蛙妈妈”、“青蛙爸爸”。“青蛙家族”的每位成员都有自己独特的个性、固定的生活圈以及属于自己的生活故事。如，“青蛙女儿”有一个男朋友，即暗恋“青蛙女儿”的“青蛙小伙”等。

这种做法将新颖生动的产品设计和精巧独具的故事完美地融合在一起，吸引了众多消费者的眼球，“青蛙家族”的销量稳步上升。

八、“高尚品位 + 政治思想的混合饮料”

与“青蛙”的境况不同，Bacardi 是著名的老品牌，世界十大名酒之一。它自移民古巴的品牌创始者首度将当时原本极粗犷强烈的朗姆酒成功赋予了细致、柔和的口味之后，迅速风靡世界，得到了众多消费者的青睐。

客观地说，Bacardi 不是一个需要重塑的老品牌。因为它既是销量最大的朗姆酒品牌，又拥有 130 多年的酿酒文化和纯熟工艺，从来不乏消费者的垂爱。然而，世事难料，Bacardi 在推出新品牌时遇到了问题。

当时，Bacardi 花了大部分的营销经费来打广告、扩展品牌，推出朗姆马蒂尼、朗姆酒加奎宁水、朗姆酒加橙汁、朗姆椰奶、朗姆台克利酒等，但是效果并不显著。

Bacardi 吸取了失败的教训之后，将目光投向一款老牌的饮料，这款饮料是朗姆酒加可乐的混合物，由一种莱姆树的树汁酿造而成。而这种树汁是 Bacardi 的第一瓶 Cuba Libre 最早的品牌原料，有悠久的历史文化价值。

另外，由这种树汁酿造而成的 Cuba Libre 和古巴的政治人物卡斯特罗有密不可分的关系，这为 Cuba Libre 增加了不少神秘的政治色彩。

鉴于此，Bacardi 实施故事有染，把 Cuba Libre 描述成“唯一同时显示你的高尚品位和政治思想的混合饮料”。

果不其然，这种高明的有染策略促使 Cuba Libre 成功地打入国际消费市场，随着销量迅速增长，Bacardi 已经成为遍布 170 多个国家、全球销量第一的烈酒品牌。

事实上，无论是“青蛙”，还是 Bacardi，它们在复兴初期都曾犯过同一错误——过分迷信广告的效应，忽略了对品牌内涵的深化。在吸取失败的教训后， 它们回归了品牌本身，降低了对广告的依赖，开始进一步挖掘品牌的内涵，并以此为基础给消费者讲故事，方才实现复兴的愿望。因此，从战略角度来看，在消费者心中，一个拥有 50 年历史却毫无分量的老品牌，与一个崭新的品牌在本质上并无多大区别，它们都应该摆脱对广告的依赖，从挖掘企业自身的故事开始，先将品牌的可信度建立起来。

消费者爱听品牌的成长故事

TCL 是“The Creative Life ”三个英文单词首字母的缩写，意为创意感动生活。TCL 创立于 1981 年，是中国最大的、全球性规模经营的消费类电子企业集团之一，旗下拥有三家上市公司：TCL 集团、TCL 多媒体科技、TCL 通讯科技，涉及房地产、投资业务群、物流、服务业务群。

作为中国最具价值的品牌之一，TCL 的发展目标是成为世界领先品牌的消费电子供应商，创建具有全球竞争力的企业。

目前，TCL 品牌已经进入全球 130 多个国家。在两个国际化项目之后，TCL 品牌的国际市场影响力大大提高。比如，TCL 的市场地位在越南、菲律宾、澳大利亚等国已逼近当地一类品牌。

从初上战场的“年轻武士”成长到“一代巨侠”， TCL 靠的是什么?

一、开山之斧

从 20 世纪 80 年代中期到 90 年代初期，是 TCL 的创业阶段。这个阶段对 TCL 来说，眼前天地混沌、一片昏黑。犹如盘古开天辟地，TCL 需要挥起开山之斧，开辟一条出路来!

需要说明的是，TCL 的前身 TTK（一个生产录音磁带的小公司)，还没有 TCL 这个品牌。

1985 年，距邓小平同志提出改革开放的时间还不到 10 个年头，当时，久在计划经济体制下熏陶的企业还不知道市场经济的风往哪边吹，至于“如何打造品牌”的问题更是理解不深，大多数勇敢的企业就像邓小平说的那样“摸着石头过河”，全然没有现成的经验可循!

在这种情况下，“掌门人”李东生创办了 TCL 通讯设备有限公司，依靠录音磁带赚取的微薄利润，逐渐褪去 TTK 的外衣，最终正式启用了 TCL 品牌。当时，TCL 是中国第一个也是唯一一个用英文名字注册的公司名称和品牌名称。

这个时期的 TCL 刚刚诞生，虽然羽翼未丰，但是拥有了真正属于自己的

"名字"，并且一只脚已经踏进了品牌的世界。

二、宣花之斧

进入20世纪90年代之后，在生产电话机方面，TCL长期保持着国内同行业领先的地位。

与此同时，TCL意识到品牌的价值，并开始丰富品牌的内涵，延伸品牌的种类，从单一地生产电话机开始生产彩电。其研制的王牌彩电1992年投产，到1996年，产销量已跃居全国彩电行业三强。

更为可贵的是，在此过程中，李东生已开始引入CI体系，这加速了TCL进入多元化品牌时代进程。

1996年，TCL一举兼并了香港陆氏公司彩电项目，开创了国企兼并港资企业的先河。

1997年，TCL又与河南美乐彩电实现强强联合。

1998年，TCL集团开始全面进入信息产业，生产销售TCL品牌的信息产品，并拓展互联网接入设备业务，建立互联网服务能力，提升分销网络功能，为电子商务时代做准备。

同年，TCL进军越南。

……

和同时期成长起来的民营企业相比，TCL好似《水浒传》里粗中有细、灵活应变的李逵在敌群中挥舞着宣花之斧，有万夫不当之勇！

三、号令之斧

1998 年以后，随着国际化潮流，TCL 品牌开始拿起“号令之斧”，踏上世界战场。回顾一下，TCL 在经历了 TTK 时期和电话机、彩电时期之后，正式进入了一个新的、多元化的时期！

1999 年，TCL 品牌已经进入全球 130 多个国家。在两个国际化项目之后，TCL 品牌的国际市场影响力大大提高。另外，TCL 的市场地位在越南、菲律宾、澳大利亚等国已逼近当地一类品牌。

同年，TCL 又以自主品牌进军空调领域，并取得不俗业绩。

2000 年 12 月，TCL 兼并了中山索华空调厂，使 TCL 的产品规模和整体实力得到了进一步提升和壮大，增加了 TCL 在市场上的竞争优势。

2005 年，TCL 将实力卓越的法国工业设计团队 Tim Thom 纳入旗下，并将其命名为“倜傥”，并在深圳设立了巴黎之外的“第二总部”，旨在通过中国文化与西方设计艺术的结合为品牌打造独特新颖、受中外消费者喜爱的外观。

2006 年，由“倜傥”领军设计的“炫律 H61”和“炫魅 E64”两大系列液晶电视获得了素有“工业奥斯卡”之称的“Janus”工业设计大奖。

2007 年，H61 系列更是凭借独立音箱的创新设计一举摘得法国设计之星 2007 大奖；凭借造型时尚出众的炫尚 E72 系列，TCL 彩电从众多国际大牌产品中脱颖而出，一举拿下全球规模最大、堪称设计业界“奥斯卡”的德国“红点”工业设计大奖。

2011 年，TCL 入选首批“国家技术创新示范企业”。另外，TCL 集团还成功地把品牌经营和资产经营两者结合起来进行统筹经营，发挥了品牌和网络的两大优势，继把 TCL 品牌从电话机扩展到以“TCL 王牌”彩电为代表的音视频产品、电工产品之后，又成功地推向了信息市场！

四、“有染”成就 TCL

据相关资料显示，TCL 发展的步伐迅速而稳健，特别是进入 20 世纪 90 年代以来，连续十几年以年均 50%的速度增长。它是当之无愧的、中国增长最快的工业制造企业之一。

从一个生产录音磁带的“无牌企业”到自主品牌价值高达 336 亿元的大企业，从中国品牌到国际品牌，TCL 在发展过程中，摸索出了一条独具中国企业特色的故事有染之路。

故事有染对任何一个企业而言都是相当有挑战的。我们放眼世界，便会发现，唯有那些不断创造新传奇的品牌才能屹立百年而不倒。正因如此，TCL 才取得了今天的辉煌和成就！

李东生说：“今天的 TCL 虽然小有成就，但是路途依然遥远。就目前情况来说，中国已经成为一个当之无愧的制造大国，但由于自主品牌的缺失，创造的附加值仍然偏低。而美国品牌所创造的价值占 GDP 的比重达 60%，我国却不足 20%。虽然每年新增的品牌有几十万个，但生命周期不长，‘制造大国，品牌弱国’的现状亟须改变。”

正所谓“士不可不弘毅，任重而道远”，民族企业的腾飞必须依靠过硬的品牌，而过硬的品牌必然少不了故事有染！

第九章　文娱有染，皆大欢喜

与《夜宴》有染，“彩宴”成功上市

2006 年 10 月，天气已经转凉，沉寂多日的广东著名避暑旅游区下川岛却忽然热闹了起来，多艘飞翼船从茫茫大海水天相接间驶来，一拨又一拨的人涌了上来，每人都步履匆匆，他们都是广东照明行业的佼佼者，在经过初步筛选之后，有近 300 人被批准参加彩宴在下川岛举行的招商会。

300 名经销商聚集在一起，保安人员发现会场混进了一些“三无”人员，没有接受邀请，没有打招呼，也没有人员与其相识，面对彩宴工作人员的诧异，两位“不速之客”不慌不忙地从手提袋中拿出彩宴在《南方都市报》和《羊城晚报》上刊登的招商广告，并递上名片自我介绍，原来这两位“不速之客”来自中国香港，看到彩宴的招商广告与彩宴的产品介绍后，对彩宴非常感兴趣，特地赶到会议现场了解彩宴的情况，希望能做彩宴的外销业务。

一、疯了，全疯了！

有经销商这样形容整个招商会：首批进货的上限不断被突破，“你定首批进50万元，我进80万元，把珠海让给我行不行？”签不到的商家试图为自己加砝码，大大小小的经销商签不到代理，就抢着签经销。

1850万元！一口气签了广东地区20多个代理商和200多个经销商。

在之后的一个月内，彩宴用同样手法迅速占领了上海、浙江、四川、重庆、陕西、辽宁等市场，回款数目之巨，导致灯饰照明行业惊呼：狼终于来了?!

一向默默无闻的灯饰照明行业，突然间爆出来一匹黑马，不但令行内人束手无策，亦引起了营销经济界的高度关注，是谁给这个行业带来了新风？终于有人发现，这是典型的“与名影片有染”的经典案例，其广告传播策略又隐隐具有当年某著名电器的风格。一时间，吸引了众多的目光。

二、夜宴与彩宴

在电影《夜宴》风头正盛的时候，广东的主流媒体登载了主题为“夜宴·彩宴·盛宴”的彩色广告，2006年10月9日，《南方都市报》更是以整版软文《全球公民即日起告别灯光危害》，章子怡等五大巨星齐聚夜宴为主题，把灯光的科普教育和彩宴招商成功地整合在一起，当天就在广东引起了巨大的轰动，市民纷纷到超市或灯饰城要求购买，经销商忙着来电要求进货。

彩宴的出现，有专家认为这是灯饰照明行业即将进行洗牌的前兆，这个不太引起大家重视的行业，其实是个大产业，有关资料显示，照明行业的产值从前几年的450亿元一路飙升至今天的1892亿元，每年平均以20%以上的速度迅猛递增,其中家用灯具销量占总销量的46%。面对如此庞大的市场，已经历经20年发展的照明行业却始终没有出现能够打得响的品牌，众多企业还在实行粗放式的营销，产品同质化严重，竞争日益激烈，用来血拼的武器只有唯一的一件——价格！结果就是利润日益变薄，走上了下坡路。

析易国际认为，越是营销水平低的行业，就越有迅速做大的机会，就如“乐无烟”当初杀进可谓千年不变的锅市场一样，彩宴也必将如“乐无烟”一样，成为行业的领导者。

三、胡志标与析易国际

传奇人物胡志标第一次和析易国际覃启舟碰头，两个都很有故事的男人一见面就被对方的故事吸引了，胡志标深入了解乐无烟和商务通手机的成功突破之后，高度赞成析易国际的营销手法，两人一拍即合，立刻开始对全国市场进行考察。

随后，胡志标又约见析易国际的覃启舟，神秘地说：“我要做节能灯。”

覃启舟一愣，“节能灯有飞利浦在那挡着呢。”

胡志标哈哈一笑，“我要做健康的节能灯。”

覃启舟此时脑中闪过一道光芒，“有戏，照明行业我们要出牌了！”

原来，在这两个月里，胡志标几乎会见了国内所有行业的顶尖人物，分析每一个市场的机会点，并网罗各种人才。一次，在北京飞往杭州的航班里，恰巧遇见了浙江大学、复旦大学、交通大学三位专门研究光电源的教授，了解到他们研发了一种健康的彩色光源，却没有企业愿意把这种技术推向市场。胡志标大喜，真是梦里寻她千百度，蓦然回首在眼前。

原来胡志标经常在世界灯饰之都中山古镇出入，刚好深入了解过节能灯的现状，可以说不但是技术陈旧，而且不少厂家为了用价格争夺市场，品质反而降低了。

胡志标和覃启舟分析了国内照明行业节能灯的经营手法，发现还停留在比较初级的层面上，千篇一律把卖点都放在节能这个概念上，而且目前尚没有强势品牌出现。

这就给有眼光、有魄力的新进者留下了极大发展空间。

产品的图纸都还没有出来，胡志标就找来了当年的几个铁杆兄弟和朋友，说了自己的想法，他们都很支持，并迅速从其他电器企业挖来了各方面的人才。

他们定下了战略目标：打造健康的光源，吃掉节能灯市场，颠覆灯饰市场，成为照明行业的第一品牌！

四、照明行业传统手法

虽然目前照明行业的产值以千亿元计，但市场上一般是采用下面三种经营手法：

第一种是属于流通类的，这一类产品的价位在 5~15 元。它们的做法是大流通，价格战。这类做法基本都做成了杂牌，经销商一年忙完，只是做了搬运工作。

第二种是属于有一定行业领先性的做法。比如渠道创新，开始引进营销科学的一些做法，重视建设品牌。有些产品，户外打的广告相对密集，终端展示比较突出。这些品牌的产品工艺相对讲究一些，但这些品牌的做法求量，不是求单点单店的效益。这类品牌的价位在 18~25 元。这类属于国内相对比较有品牌意识的品牌，是属于行业品牌的竞争范畴。在一个阶段内，这些品牌还是可以赚钱，但却也开始慢慢面临品牌大但售后服务管理和广告宣传开支也随之增大的问题，经销商利润也开始走薄。这类行业品牌的代表有欧普、雷士、朗能等。

第三种是属于进口品牌，这些品牌凭借其国际化的影响进入国内市场。由于在其整体品牌化运作的过程中，节能灯只是其整个产业的一个很少的部分，而且产品都是在国内进行OEM，所以质量和国内行业品牌的产品差不多。它们的做法属于高举高打，投入大，广告开销大。所以价位相对更高一些，在20~35元。这些品牌的代表有飞利浦、松下、通用几个品牌，由于灯具不是它们整体大品牌运作重点，所以难以形成有力的竞争。

面对这样一个庞大且高速发展了20年的市场，怎么打进去？

五、彩宴三招震荡照明行业

析易国际认为：

第一，产品必须功能化。我们一直认为，任何行业都有一个功能化的机会，节能灯也不例外。

第二，传播必须差异化。目前的灯饰品牌常见的宣传方法是户外广告，彩宴要区别于它们的传播渠道。

第三，颠覆灯饰市场。我们的最终目标是要成为灯饰的最大最强者，我们的产品本身的品质就和别人不一样，因此，彩宴一问世，就是大手笔，把彩宴和当时最火的电影《夜宴》结合起来实现与文艺作品有染，斥资购买了《夜宴》的海报使用权，当红演员章子怡、周迅、葛优、黄晓明、吴彦祖等同时出现的海报，给彩宴的宣传带来极强的视觉和心理震撼力。

和珠三角许多著名民企一样，彩宴并没有采用OEM的方式把产品的生产委托第三方，而是自己建立工厂，而且起点非常高，是全球唯一设立毛管工程师的照明企业。从这里可以看出彩宴对市场的自信心和建设照明行业第一品牌的决心。

六、彩宴为什么会成功

析易国际认为，彩宴的成功，关键就是完全改变了灯饰产品的营销手段。

首先，彩宴用整版软文创造了消费者的需求，打动了经销商。

在彩宴的初始阶段，我们在广告媒体的选择上，定位在平面媒体，而且是广东的主流报纸《广州日报》、《南方都市报》、《羊城晚报》。当时有家电行业的朋友建议彩宴直接上电视广告或者做户外广告，我们否定了这一提议，因为“彩宴”是高科技产品，所提出的概念也是全新的，消费者对此一无所知，不能把灯光和健康联系起来。

从保健品的营销角度来看，消费者的需求是创造出来的，我们的国家刚解决温饱问题，人民的素质还有待提高，除了穿衣吃饭，许多消费者根本不知道自己还有更高的需求，要企业去创造或点燃他们的需求，汇仁肾宝一出宣传，中国男人都肾虚了，某某钙一吆喝，全国人民都缺钙了……

现在走在大街上，十个就有八个戴着近视眼镜，我国高中生的近视率全球第二，据权威专家指出，导致近视的主要原因，并非是用眼习惯，而是不适当的灯光引起的。

这些道理，消费者并不知晓，更不会产生换上一盏健康的灯的需求。彩宴用权威的、真实的文章提出传统灯光有害的观点，立刻得到了消费者的认可，文章还用到恐吓性的症状比如白血病、儿童神经系统损害、催长的肉鸡等直接和灯光联系起来，大大刺激了消费者的购买欲望。

彩宴采取医药保健品的营销方法完全区别于照明企业传统的方法，在行业内造成极大的轰动。

10月9日，广告一刊登，不但消费者立刻动起来了，在照明行业也造成了恐慌，话务中心一大早就接到了一个怒气冲冲的电话："你们这样宣传还让不让我们活啊，我们卖了几十年的灯……"得，这是行内人打来的，像机关枪一样发泄了30分钟，彩宴的话务经理按下了免提键，大家听了直乐，都说他冷静下来，说不定立刻跑来经销我们的彩宴呢。

一版广告，同时把消费者和经销商都震住了，当时彩宴的工厂还没有投产，市场上连产品也没有，市民急了，经销商也急了，招商电话响个不停，甚至有些熟识的经销商，跑去办公室软磨硬泡。

两天之内，广东省就有上千个经销商要求登记，为了寻找优质的经销商，彩宴公司采取了严格的二次筛选制度，经过考察，初步确定了300个名单之后，派专人发通知函，经销商凭此函参加在下川岛举行的经销签约会，虽然是省内招商，还是有消息灵通的外省经销商打探到了会场地址，悄悄地来到了下川岛，导致在招商会上出现了"三无"人员这一小插曲。

其次，开辟渠道蓝海，彩宴率先进军商超线。

灯饰的传统通路手法是进入专业大卖场，再加上五金店，我们认为，彩宴不能摒弃传统的方法，但是一定要在渠道上创新，通过深入市场调研发现，灯泡是家庭的易损品，在大型的商超，却极少有卖灯的专柜，在连指甲刀和袜子都有促销员的今天，灯似乎被卖场遗忘了。

我们访问某百货集团的一位领导，得知他们的卖场一般是把节能灯随便摆在最不起眼的角落，即便是这样，一年的销量也有几百万元，我们由惊诧转为兴奋。嘿！又发现了一座金矿。

得到这一信息，凭着在商界良好的人脉关系，彩宴迅速和国内的零售巨头接触，并得到了良好的回应，全球家电连锁老大百思买中国第一家店在上海徐家汇试营业，彩宴节能灯成为进入百思买（中国）的唯一照明品牌。

百联、广百、沃尔玛等集团也纷纷下单采购，同时卖场设立专门的彩宴区域。

在全球29个国家拥有1800家分店的蓝格赛集团专门组织人员到彩宴总部进行考察，对于彩宴公司把节能灯进行差异化、功能化的战略十分认同，希望成为彩宴外销的总代理。

超级娱乐节目“唱红”品牌

《超级女声》是湖南卫视专门针对女性举办的大众歌手选秀赛，也称“草根阶层选秀赛”。此项赛事接受任何喜欢唱歌的女性个人或组合的报名，获得了众多观众的喜爱，是现今中国大陆最受欢迎的娱乐节目之一。

从本质上来讲，《超级女声》是对娱乐节目的一次重大的变革。它不但颠覆了采访、运动、智力问答等娱乐节目的传统形式，而且走出了狭小的官方演播室，将赛场摆在了广阔的民间。可以说，《超级女声》是面向全民的娱乐节目，且从一开始就秉持着将娱乐有染进行到底的精神。

一、助蒙牛一臂之力

在众多企业中，蒙牛看到了《超级女声》的娱乐价值，于是想借助这个全民娱乐的平台，推出“酸酸乳”，以达到有染的效果。

这种文艺娱乐有染的方式之前在国内营销市场上闻所未闻、见所未见，所以有人一开始对蒙牛与湖南卫视的合作并不看好，一方面是因为蒙牛为此斥千万巨资，唯恐收不回成本；另一方面是因为参与《超级女声》这种节目的人群消费能力普遍不高，即便取得了很好的效果，功劳也属于《超级女声》，对蒙牛的实际销售效果并无促进作用。

需要说明的是，当时的蒙牛处在乳品行业的多事之秋，从伊利的郑俊怀事件、阜阳的毒奶粉事件，到雀巢的碘超标事件、光明的回收奶事件，使得整个行业陷入穷途。另外，越来越白热化的价格战、渠道战、促销战也使得蒙牛元气大伤。在这个千钧一发的时刻，蒙牛与其坐以待毙，不如大胆出击——如果能抓住与《超级女声》合作的机会，就有望早日摆脱困境！

事实证明，人们的担忧有些多余。

《超级女声》在2004年首次推出后，依旧保持着很强的上升势头。2005年湖南卫视也加大了和全国其他各类媒体的互动与联合，使得这个节目的收视率节节攀升。在《超级女声》大规模的有染下，蒙牛和超级女生们一同给数以亿计的观众留下了深刻的印象。在这种形势下，蒙牛对中国绝大部分消费者来说已是耳熟能详的品牌，岂能不火？

二、金话筒启动网络超女大赛

蒙牛凭借《超级女声》打了一个漂亮的“翻身仗”，让很多企业看到了娱乐有染的价值和力量。于是，《超级女声》迎来了一轮合作高潮。

2005年，国内著名的门户网站“搜狐”和著名的娱乐集团“天娱”与《超级女声》结为联盟，共同推出“2005年度网络超级女声大选”。这次大选在北京举行了盛大的启动仪式。当日，发布会会聚了众多明星，如2005年的电视“超女”何洁、纪敏佳都来到现场助阵，另外，上届“超女”冠军安又琪作为本届大赛的形象代言人闪亮出场。众多“超女迷”疯狂而至，把活动现场围得水泄不通！

之后，在《超级女声》和搜狐的合作下，无论是海选现场的群众呼声，还是评委团阵容，都比上次有过之而无不及。

对此，张朝阳表示，此次“搜狐”与《超级女声》合作，旨在将娱乐真正全民化。因为与之前的电视《超级女声》相比，传播平台由电视扩展到网络，在一定程度上扩大了《超级女声》的影响覆盖面。此外，《超级女声》还以网络为娱乐平台，以吸引更多的选手进行网上报名。在此过程中，网友可以参与互动，通过互联网和无线互联网进行投票。

而“搜狐”的合作伙伴王鹏说：“这是借超级女声品牌进行的一次大规模网络延伸。网络超女完全以网络为比赛平台，无论是从选手的参赛办法、作品上传、网民参与投票、评选等各个环节的设置都充满了互联网应用特征，极具全民娱乐的精神，这是扩大品牌效应最有效的办法，也是我们与《超级女声》合作的最大目的。”

果不其然，“搜狐”和“天娱”在《超级女声》的强势宣传下，名气激增，品牌地位如日中天！

三、PPlive 再借“超女”合作树品牌

2011 年 5 月 26 日，在“科技明星在中国”活动现场，PPlive 首席执行官陶闯在接受中国经济网记者采访时表示，PPlive 选择与湖南卫视合作《超级女声》真人秀节目。

其实，PPlive 之前便已和湖南卫视小规模地合作过。当时，由于 PPlive 的网络视频板块还没有找到很好的盈利模式，急需一个具有影响力的合作伙伴来

“提拔”自己，而《超级女声》正合其胃口。

合作达成之后，PPlive 作为《超级女声》的唯一网络传播媒体，成为 2005 年 IT 业的“宠儿”。很明显，PPlive 于 2011 年再度发起合作，是看准了《超级女声》的人气和品牌价值。

同年 7 月，PPlive 得到软银国际总额为 250 万美元的注资。这笔投资约占公司总股本的 1/3，对于 PPlive 的业务扩展来说极其有利。对此，陶闯说：“PPlive 将利用这个机会，酝酿在美上市的日期。”

《超级女声》到底唱红了多少品牌，如今已无人在意，我们更为关注的是，如何在纷杂的娱乐圈内寻找到“有染”良机。通过蒙牛、搜狐、天娱以及 PPlive 等品牌的例子，我们希望企业能够触类旁通，真正寻找到属于自己的机遇。

反复渲染，层叠造势

2005 年，有一部爱情小说在网络上以惊人的速度流传。2007 年 12 月，它在众人期盼下出版，并获得了巨大成功。2010 年，国内“第五代”著名导演张艺谋将它改编成电影，并搬上银幕，感动了数以亿计的观众。

这部小说就是《山楂树之恋》。

一、一本可能感动五亿中国人的小说

华人女作家艾米的小说《山楂树之恋》是从境外文学网站传入国内网络的。这部小说延续了“爱情有染、娱乐大众”的路子，讲述的是 20 世纪 70 年代的

一段令人心碎的爱情故事。据作者透露，这个故事完全是她根据真人真事创作的。“艺术来源于生活却高于生活”，难怪《山楂树之恋》被誉为“史上最干净的爱情小说”，并受到网民的热烈追捧。

之后，这部小说由江苏文艺出版社正式出版。有意思的是，小说的封面最上面写着这么一句极具煽情的话：一本可能感动5亿中国人的小说——忠贞不渝的爱情故事本来就具有十足的感染力，在市场营销和娱乐运作下，《山楂树之恋》自然更加深入人心。

接下来，出版社首印了80万册。80万册对出版社和书商而言是否风险太大?

对此问题，该书的策划商显得信心十足，并爆料称其征订情况非常火暴，自发放征订单的一个月时间，来自全国各地的订数便已达到了50万册，仅成都一地就发出了8万册的订单。

一般的畅销小说首印数量都控制在10万~20万册，80万册的首印无疑创造了一个奇迹。

二、“山楂树现象”

《山楂树之恋》出版之后，引发众人在博客、论坛、贴吧、MSN、QQ上展开讨论，形成了独特奇异的“山楂树现象”。

尤其值得一提的是，《山楂树之恋》勾起了“60后”的回忆。“60后”读者对其赞叹不已：“书中主人公的心理状况与我们每个人的初恋非常相似。从这个角度来看，所谓的山楂树之恋，就是超越时代的纯真初恋感情的代名词。”

众人热捧《山楂树之恋》的同时，许多国内文化名人和当红作家也参与进来。曾任文化部部长、中国作协主席之职的王蒙、“红学家”刘心武、著名作家苏童和熊召政等人对《山楂树之恋》都赞不绝口。

无疑，“名人 + 草根”的组合效应将全民娱乐有染的精神推向了高潮！

高潮再掀高潮，由于《山楂树之恋》好评如潮、呼声很高，于是有一大批影视制作公司想把它改编成电视剧或电影。

的确，在全民娱乐时代，对观众造成影响的小说是影视制作公司追逐的对象。从大导演张纪中到文艺导演张元，无论《山楂树之恋》的电影改编权最终花落谁家，我们都能感受到有“一双无形的巨手”在背后推动，这双“巨手”就是广大的民众。

三、众里寻她千百度

《山楂树之恋》最终将“橄榄枝”抛向了张艺谋，这虽然是值得庆幸的事，但与此同时有一个很大的困难摆在了张艺谋面前——女主角“静秋”找不到合适的女孩来演。

张艺谋表示：“剧组在全国各个艺校海选，却始终没有找到形象清纯的女孩。”

在媒体的炒作和网民的争议下，《山楂树之恋》还未搬上银幕，就已经成为一个很热门的娱乐话题，既壮大了影片的声势，又吊足了观众的胃口，这等有染简直将娱乐元素发挥到了极致！

在万众的期待下，张艺谋终于找到一个叫周冬雨的女孩。这个女孩最后成了《山楂树之恋》的女主角静秋。

在全民娱乐有染下，《山楂树之恋》的选定工作圆满结束！

2010 年 9 月 15 日，同名电影在全球同步公映，国内票房突破 2 亿元！

《山楂树之恋》之所以取得这样骄人的成绩，与娱乐有染关系密切。

记得日本著名的纪录片导演小川绅介曾说，电影不是观众到了电影院才放映的，而是观众决定去电影院的那一刻就已经开始放映了。《山楂树之恋》还没有放映，却已在声势浩大的筹拍过程中反复与媒体互动，屡次聚焦公众的注意力，让人们沉浸在娱乐的气氛中竞相揣测影片，并顺势在观众心中留下深刻印象。当影片正式放映的时候，它产生的影响力其实已超过电影本身，而这正是娱乐有染的魔力。

以强烈的时代感寻求消费者共鸣

2010 年，当网上火速疯传“宁可坐在宝马车里哭，也不坐在自行车上笑”的拜金言论时，当街头巷尾、四邻五舍的大姨大妈竞相谈论婚姻配对的话题时，当“富二代”自曝身家，被网友们称为“自大狂”而炮轰时……我们似乎深切地感受到，《非诚勿扰》这档节目在社会和民众心里掀起了怎样的惊涛骇浪！

《非诚勿扰》是江苏卫视一档适应现代生活节奏的大型婚恋交友节目，在每周六、周日晚 21 点 20 分播出。

《非诚勿扰》为广大单身男女提供了公开的婚恋交友平台，并以精良的节目制作和全新的婚恋交友模式，得到观众和网友的广泛关注和热烈追捧。

2011 年 7 月，《非诚勿扰》推出澳大利亚专场，2011 年 10 月，推出美国专场。

作为一档全民娱乐节目，《非诚勿扰》能迅速红遍大江南北、走向国际，获得巨大成功，其实是有迹可循的。

一、起名字，有讲究

观众起初一听到“非诚勿扰”四个字，不免联想到电影《非诚勿扰》。

电影《非诚勿扰》是由国内著名“票房导演”冯小刚和国内著名影星葛优联手合作的。这部影片讲述的是一位大龄男青年秦奋（葛优饰演）和一位单身女空姐（舒淇饰演）的爱情故事。

江苏卫视《非诚勿扰》栏目组负责人说：“节目之所以取同名电影的名字，一方面是因为想借助电影在人们心中留下的美好印象以及观众人缘来推广节目；另一方面是因为想帮助大家寻找幸福。剩男剩女很多，像秦奋那样不断相亲、不断失败的情况‘很正常’，节目里也会遇到这种情况；但是设置这个节目的目的，就是帮大家牵线。”

很明显，江苏卫视在给节目起名字的时候，既利用了电影《非诚勿扰》在娱乐大众方面的影响力，又成功地感“染”了观众。可以说，一档全民娱乐的节目能拥有如此高明的自我营销策略和超强的有染意识，不红也难！

二、为剩男剩女打造的节目

任何一档节目的推出，首先都要有一个良好的定位，即受益观众。如果没有观众，节目就没有收视率，就无法长久。

《非诚勿扰》在推出之前，就已经有一个良好的定位。它透过一个重要的社会现象触摸到了民众的脉搏，然后将强烈的时代现实感和民众的共鸣感移植到自己的娱乐节目里；这正是典型的娱乐有染。

《非诚勿扰》栏目组负责人说：“这两年，由于各种各样的原因，社会上

‘剩男剩女’越来越多。其中，‘80后’、‘90后’敢于表达自己独特的思想观点和婚恋价值观，引起了我们的注意，同时也启发了我们做这类节目的念头。其实，2007年在制作选秀节目《绝对唱响》时，我们就产生过做一档交友节目的念头，不过由于种种原因而被搁浅。然而现在，这种念头更加强烈，所以我们坚定信心，开始集中研究《密室约会》、《男才女貌》等国内外十几种不同形式的娱乐交友节目，决定推出一档全新的大型婚恋娱乐节目。经过多次研究、斟酌，我们将节目名称定为《非诚勿扰》。”

另外，《非诚勿扰》的制片人说：“《非诚勿扰》不会刻意地鼓吹什么，节目的设计只为让观众看到现在年轻人的独特婚恋观，引起公众的关注力度。”

三、花样百出的约会玩法

在江苏卫视的官方网站上，《非诚勿扰》被定位为“大型婚恋交友节目”。每期节目都会有24位女嘉宾前来相亲，通过“爱之初体验”、“爱之再判断”、“爱之终决选”三关，来了解同一位男嘉宾。

在此期间，女方亮灯表示对男嘉宾满意，愿意继续了解，灭灯则表示对男嘉宾不满意。若场上只有一位女嘉宾亮灯，主持人将询问男嘉宾的意见，如果他中意亮灯的女嘉宾，则速配成功；若场上所有女嘉宾都灭灯，则男嘉宾必须离场。三关之后，如果仍有多位女嘉宾亮灯，则男嘉宾将获得选择权，挑选自己心仪的女嘉宾。

业内人士称，这样的规则很新颖别致。对参加节目的女嘉宾而言，《非诚勿扰》是一部连续剧，这一期没能找到心仪的对象，下一次可继续上台寻觅意中人；站在男嘉宾的立场来说，《非诚勿扰》是一部系列剧（这种电视剧每集都是一个独立完整的故事），因为每个人面临的挑选形式都一样，但只有一次机会。

需要比较的是，过去的交友节目是男女数量相等的，一轮一轮配对，节奏很缓慢。但是《非诚勿扰》是在男女人数极端不平衡的状态下进行的，1 个男的有可能同时面对 24 个女的，这种“玩法”节奏变得很快，几乎每 5 分钟进行一轮配对，而且短时间内有很强的戏剧冲突。除此之外，《非诚勿扰》也会采用专家团提意见的形式，与台上嘉宾讨论当下网络和社会上非常流行的、触及生活本真的尖锐话题和敏感问题，比如房子、孩子、婆媳关系等。

显然，《非诚勿扰》的主要目的不是停留在台面上关注男女嘉宾，而是打动观看节目的大众，并与大众进行多层次的娱乐互动和心灵交流。

四、气吞天下的收视率

成熟的团队、独树一帜的定位、新潮而又别出心裁的“游戏规则”，再配合社会大众关注婚恋的大潮……可以说，天时、地利、人和都被《非诚勿扰》占尽，娱乐有染何愁不成功?

2010 年 1 月 15 日，《非诚勿扰》播出第一期。

在播出第十期之后，栏目组的人能够很明确地感受到《非诚勿扰》获得了不错的反响。

一位大龄单身女网友在博客里抱怨道：“我的母亲一到周末就会坐在电视机前看《非诚勿扰》，仿佛是在暗示我尽早去相亲。”

可以肯定的是，自《非诚勿扰》开播以来，其火暴程度盖过了国内所有娱乐节目。

据相关资料，截至 2010 年 6 月 6 日，《非诚勿扰》共播出 34 期节目，由于备受大众欢迎，所以从 3 月 13 日起，改为一周两期。

在这段时间，《非诚勿扰》共取得 30 多次同时段娱乐节目第一名的疯狂佳绩，同时包揽了 2010 年前 23 周中的 15 次全国卫视周收视率总冠军。自《非诚勿扰》改为一周两期以来的 12 周中，更是连续 12 周夺得全国卫视周收视总冠军和亚军，收视率排在前 20 名。

之后，根据索福瑞 71 城市收视率统计，《非诚勿扰》的收视率仅次于央视一套新闻联播，牢牢霸占着“全国卫视所有节目每周收视第一”的宝座！

《非诚勿扰》以气吞天下的收视率称霸地方台、直逼央视，比之前湖南卫视举办的《超级女声》有过之而无不及。它之所以获得巨大成功，从本质上来讲，是因为它的娱乐性根植于现实社会，有染性建立在强烈的生活气息和浓厚的草根特色上。中国的企业应当从中认识到：牢牢地抓住大众心理、广泛激起大众共鸣才是娱乐有染的本质。

第十章　符号有染，灵魂印记

翻身之道在于创造特有符号

多年来，A 公司的商业模式就是模仿大做广告的清咽润喉类产品，它也有自己的品牌，但一直隐身在不易被消费者发现的角落。通俗点讲，这是国人非常熟悉的一个地地道道的“山寨”企业。凭借这样的模式，到 2008 年 A 公司每年都有 2 千万左右的回款。

由于从包装设计到产品剂型等，一味模仿知名品牌，导致每年官司不断，老板被折磨得几乎烦死了；另外，这种山寨模式利润低，公司从上到下都很辛苦；若继续山寨不被累死也会被烦死！目前，在企业资金还不雄厚的状况下，如何才能让 A 公司脱离这种又累又烦的困境呢？

一、发现做第一的空间

2009年底，A公司开始与析易国际合作；深入了解企业后，我们带着诸多问题首先开始了详细的市场摸底工作。

国内清咽润喉类产品，大致可分为三个梯队：

第一梯队由金嗓子、三金西瓜霜、江中复方草珊瑚含片等品牌构成。其中，广西“金嗓子”以6亿元的年销售收入和30%的市场份额稳居市场第一；西瓜霜含片及喷剂年销售收入2亿元，占据市场份额10%；江中草珊瑚含片年销售收入1.5亿元，占据市场份额6%。

第二梯队有华素片、健民咽喉片、亿利甘草良咽、江中亮嗓、清嘴含片等产品，它们的年销售收入在6000万~1亿元。

第三梯队主要由200多个地方品牌组成，这些小企业年销售收入大约在两三千万元。

按销售规模，A公司无疑是站在第三梯队的行列。析易国际分析后认为，要想让A公司摆脱困境，必须脱离山寨模式做自己的品牌。在与企业老板沟通中，对方同意把自己的牌子做起来，但若想让A公司这样的牌子异军突起，不仅投入大，周期肯定也会很长。如何让A公司的品牌快速崛起呢？按照析易国际的品牌加速理论，最好的办法是在市场上给A公司的品牌找到一个“做第一”的空间！

细数A公司的家底，一个小山寨企业，从哪个方向、层次或角度，能找到超越当今市场上“江中草珊瑚含片、金嗓子喉宝”等知名品牌的优势呢？

无论知名度、美誉度、产品质量、企业规模……A公司与这些名牌比较，根本就不在一个档次！这似乎是一个不可能完成的任务！一个挑战策划人思维极限的作业！

令人叫绝的是经过几个昼夜的争论、交流和思索，析易国际还是为A公司找到了一个足以昂首业界的重大优势：

调研发现，江中集团关于清咽方面的产品，在市场推广中，也就一两个产品，金嗓子喉宝就推了一个，这种现象可能跟企业的产品策略或市场推广策略有关。在所有生产清咽产品的企业中，A公司的品种是最多的！

多年的山寨，谁好卖就复制谁；这样运作的结果，使A公司的产品几乎囊括了市场上所有清咽润喉产品的种类。经过划分后可归纳出“草珊瑚含片、胖大海含片、甘草良咽、罗汉果、蜜炼枇杷及金银花含片六大系列。据此，析易国际认为：完全可以为A公司打造一个“家族概念”！

在咳嗽药市场，从“克咳胶囊”到“克咳家族”，克咳通过“家族诉求”在5年内销量从3000万元上升到了15亿元。“克咳家族”的品牌策略，使其在“咳嗽领域”形成了意识形态控制的“霸权”。还有在感冒药市场，中美史克同样采取了家族牌，定位为“抗感家族”获得了成功。

中美史克及克咳家族的成功，让我们看到了A公司的机会。现在清咽市场还没有哪家企业主推过“家族牌”，这无疑是上帝留给A公司的一个巨大空间！最后，析易国际为A公司确定了“清咽护嗓第一家族”的战略定位；它寓意用更专业、更有效、更有针对性的产品，为人们提供专业的全方位护嗓方案。

二、有染魔方，成就诸侯

找到恰当定位，这仅仅是开始。如何使这样的定位深入目标消费者的头脑才是企业能否成功的关键！由于A公司一直寄生在“江中”等品牌的大树上，若贸然推广A公司品牌，肯定会变成一锅难吃的夹生饭。

2011年3月，在成都糖酒会上，我们曾亲眼目睹一个客户看到A公司的第一反应就是“你们是山寨”。在现场，即使业务经理滔滔不绝地向对方强调A公司不是山寨，客户仍然不变初衷。在许多人心中，A公司就像一个刻了字的囚犯，想轻易洗刷清白，很难!

还有，A公司一直执行“山寨”式营销，在不花广告推广费用状况下，取得了一点价格上的优势；在低零售价及相对较大利润空间的诱惑下，吸引了一些代理商，凭借这种山寨式产品浑水摸鱼，获得一定销量。

如果放弃“山寨”模式，开始推A公司自己的品牌，对一个几乎没有什么知名度的品牌，加上要做市场推广必然会提高供价，这样原来那些代理商肯定会拒绝合作，结果必将导致销量迅速下降，这个损失对企业来说难以承受。基于企业目前的品牌现状及资源，若从山寨策略立即转变为品牌推广的运作模式，显然不可行。

在A公司推广策略的论证中，我们认为若想不使销量出现下降，就要策划一个巧妙的过渡策略。根据析易国际的策划经验，我们认为先创造一个“符号”，进行符号营销。通过传播这个符号，实现“符号等于清咽家族”的目标。

说到符号营销，这里详细说明一下。什么是“符”呢？其实大家对“符”并不陌生，在记忆中印象最深的可能就是驱邪画的符。每到年节，市场上经常销售的“吉祥图”，如年年有余、仙桃祝寿、喜上眉梢等都是符；至于华表、太极、龙、麒麟等，这些也是符。

在多年的营销策划中，我们深深明白“符号”的价值；因为我们几乎都在消费符号。世人常被符号所左右，购买商品，既是对物质的消耗，又是对符号的占有。既有物质效用的一面，更有象征意义的一面。

比如，李宁的符号，消费的是一种永不服输的运动精神；如果运动衣上，没有李宁那个“勾”样的符号，我们就可能不会买。

星巴克的符号，消费的是关于咖啡的文化；劳力士的符号，消费的是身份；万宝路的符号，消费的是一种对男人阳刚气概的向往；百事的符号，消费的是年轻的心态。

在市场的推广中，A 公司可继续执行原来的山寨策略，原来模仿或复制的元素，在这个阶段都不做调整。这样做几乎不会影响经销商的代理热情，然后通过一个独特的“符号”的传播，在消费者心中实现差异化；那么，A 公司应该设计一个什么样的符号呢？

针对 A 公司的品牌定位，这个符号应体现“专业、容易记忆及有家族感”，另外，对于代表清咽类产品的符号，还应让消费者有“清凉”润喉的感觉。

析易国际经过讨论，选择了“魔方”这个符号。因为它很容易把“草珊瑚”、“胖大海”、“甘草良咽”等产品全部囊括在一个符号中；而且魔方代表着专业，因为魔方以核心轴为中心变化与组合，强调玩魔方的专业技巧，不是专业级是玩不转的。在图形设计上，我们把魔方上的一个个模块，设计得像晶莹剔透的蓝色润喉糖的样子。用“魔方”作为清咽家族专业护嗓定位的符号，容易传播也容易记忆。

在符号营销策划方案完成后，析易国际制定了通过三阶段实现品牌目标的策略：

第一阶段，导入期内实现“清咽家族 = 魔方”这样的概念认知，强调魔方与清咽家族的关系，在品牌表现上强化魔方，隐藏 A 公司品牌。

第二阶段，成长期时 A 公司品牌与魔方符号进行联合推广，将前期积累的传播效果——魔方代表清咽家族，转化为 A 公司的品牌势能。这时“清咽家族 = 魔方 = A 公司品牌”。

第三阶段，到了成熟期，完成“清咽家族 = A 公司品牌”的华丽转身，A 公司实现品牌过渡，成功蜕变为清咽家族的唯一代表。

在2011年的济南秋季糖酒会上，企业的招商取得了较满意的效果。作为中国的“第一清咽家族”，虽然现在还带有山寨痕迹，但析易国际认为，像江中这样的大牌，其品牌策略是分散的。现在提到江中，许多人的第一印象并不是江中草珊瑚含片，而是江中健胃消食片；后来江中又大力推出初元等新品牌，更加剧了品牌的分化。而A公司的几十个品种都围绕咽喉做文章，它的品牌力是逐渐攥紧的拳头。因此，我们认为用不了多久，虽不敢说A公司会超过“江中”，但成就一方诸侯的日子肯定为期不远。

人文符号富有持久生命力

对于美国消费者来说，可口可乐的品牌价值是其百年来长期打造而成的，并非一日之功，就像一个常胜将军的声誉并不是由一场胜仗决定的一样。而对于世界其他地区的消费者而言，可口可乐的品牌价值是美国文化在世界强势传播的结果。

2006年，外来品牌在中国遭遇了一场场信任危机，包括索尼、肯德基、雀巢、高露洁、SK-II等诸多国际知名品牌。

这些品牌由于品质方面存在对消费者不利的因素而被有关部门查处，紧接着被媒体曝光。但是没过多久，我们发现，有不少消费者仍然在购买这些问题产品，并享受商家提供的服务。这是为什么呢?

消费者明知道这些产品曾经有这样或那样的问题，但他们宁可相信这些问题只是一次意外，而不愿全盘否定这些品牌的价值。

这样的现象并不鲜见。当我们品尝五粮液时，有多少消费者知道五粮液的口感属于酱香型呢？又有多少人知道五粮液的酿造工艺好在哪里？恐怕知者寥寥。

其实，大多数消费者喝五粮液，是因为五粮液是国酒、高价酒，代表着高品质、信任、高档、形象、珍贵、品位、地位……

五粮液在大众心里已经不只是一款单纯的产品，而是一种有价值的产品符号了。

透过消费者对产品的态度，我们可以看出，在现代社会，消费者已从满足单纯的物质需求，逐渐转向追求精神符号意义的消费，即消费已不仅仅是围绕满足生理需要而展开。实际上，大众的消费行为更多地被打上了具有社会意义和价值意义的符号。而符号有染已经成为现代企业在品牌竞争中所惯用的一种营销策略。比如，“红星二锅头”采取的即“京味文化”的符号有染。

一、历史名酒的前世今生

北京别称京城，是五朝古都。“二锅头”酒已有 800 多年的悠久历史，是京城酒文化的典型代表。它由烧酒发展而来，据说，当时的京城酿酒技师在蒸酒时，将第一锅流出的酒头去掉，第三锅流出的酒尾也去掉，取第二锅流出的中段酒，称为“掐头去尾截取中段”工艺。这是我国最早以工艺命名的白酒，也是我国酿酒史上的一个里程碑。几百年来，这种白酒被继承发扬并流传至今，俗称“二锅头”。

新中国成立之后，最初生产“二锅头”的企业是北京红星股份有限公司(以下简称红星)，后来，人们将其生产的“二锅头”叫“红星二锅头”。红星成立于 1949 年，是作为新中国的献礼而指定建设的项目之一。

当时，刚刚解放不久，人民的生活水平普遍不高，为了让大众都能喝上纯正的“红星二锅头”，国家规定“红星二锅头”的价格不得过高。所以，自“红星二锅头”问世五十多年以来，所生产的十余种产品都属于低价位酒。

虽然“红星二锅头”的价位不高，但由于其甘烈醇厚的口感，深受消费者欢迎和青睐。随着“红星二锅头”的声誉越来越高，它已成了“大众的好酒”的代名词。

二、整体萎缩的白酒市场

随着竞争愈演愈烈，白酒在国际市场上的进展越加缓慢，而在国内市场上的生存环境也不容乐观。

专家预测，消费者的保健意识不断加强，可供消费者选择的酒品越来越多。如此一来，白酒的替代品增多，其产销会受到极大影响而进一步下降，有可能降至300万吨左右。产销下滑，市场空间将大幅缩减，白酒行业将面临新一轮的大洗牌。

当时，白酒生产厂家争相把品牌优势发挥到极致，而商家不甘受制，与厂家争夺品牌话语权。不管怎样，白酒市场的销量仍在整体下降！

放眼国际，从白酒出口量占销售总量的比例来看，“茅台”、“水井坊”、“红星二锅头”等驰名白酒貌似走在了众多企业的前面，但事实上，仍不理想。据数据统计显示，我国只有几家白酒龙头企业和个别沿海出口型企业出口白酒，一年总销量不到5000吨，而且消费对象仅限于欧美、东南亚、港澳等国家的华裔群体，与同为烈性酒的俄罗斯伏特加一年对外出口六七万吨的销量相比，差距太大。

由此可知，白酒国际化的目标并没有取得实质性的进展。另外，“加强我国白酒出口，走向国际市场”的呼声仍然很小，难成一股强烈的业界共识。

析易国际认为，当务之急是白酒企业必须在激烈的国内市场竞争中，把国际市场当成自己的第二生命之源，努力寻找国际化之路，积极开拓国际市场。只要白酒能拿下相当于国内市场的10%的国际市场份额，便能每年外销30万~50万吨的白酒。这不仅能为国家创汇，更重要的是，能挽救白酒企业于水火。

三、乘着“文化快车”飞驰

据一项《中国自主品牌消费者认知度指数报告》显示，在当前国内自主品牌的阵营中，消费者对“中华老字号”的总体认知度仅为16.1%，与近几年来出现的众多新品牌相比，差距甚大。

老品牌的符号在消费者认知中已渐渐趋于模糊。企业需要借助符号有染进行时代化的更新。

2008年的第一天，北京地铁1号线上，“红星京味号”列车正式启动。红星主管营销的副总经理朱华表示，北京地铁1号线的列车上将满绘故宫、长城、烤鸭、京戏和红星二锅头等京味文化元素。据相关资料显示，红星的这一举动在北京尚属首次。

在这次活动中，红星二锅头将自身与长城、烤鸭等多个已成型的京味文化象征符号列在一处，让消费者自然而然联想到“红星二锅头是京味酒的代表”，品牌美誉度必将获得大幅度提升。

四、发挥文化符号优势

红星在开启“红星京味号”的当天同时宣布，2007年公司销售突破10亿元大关，销量突破30万吨。在新的一年里，红星将正式启动“2008年奥运战略计划”。

红星总经理于吉广说：“2008 年，北京奥运会将世界的目光聚焦在北京，那么，让外国朋友们来北京看什么、带走什么呢？据说，当年美国总统尼克松访华，参观了北京天坛时说，美国人能照样盖一座天坛，但无法拥有天坛周围的那些古柏树。”

显然，“红星二锅头”正如这些古柏，是一部活的历史，是中国传统文化的集萃，是外国朋友们所羡慕的，但是带不走的。

“红星二锅头”深知这个道理，那些世界上最好的品牌并不是依靠产量，而是依靠文化，所以在销售产品的同时，“红星二锅头”更注重销售中国博大精深的酒文化符号，将先天优势发挥到极致。

随着 2008 年北京奥运会的成功举办，中国正在不断崛起，中国伟大的历史文化必将成为本土品牌对抗国外品牌的一大竞争优势。

五、辉煌的成就

在 2010 年中国酒类流通协会、中华品牌战略研究院共同主办的“华樽杯”中国酒类品牌价值评议中，“红星二锅头”的品牌价值达到 39.45 亿元，在全国白酒类行业里居于第 22 位，在北京酒企中居于第 4 位。

在 2011 年度第三届“华樽杯”中国酒类品牌价值评议中，红星品牌价值为 41.28 亿元，并荣获“2011 年度华樽杯北京市白酒类品牌价值第一名、2011 年度二锅头类白酒品牌价值第一名”的品牌荣誉。

红星的成功给众多同行企业和其他行业很多启发。

在中国市场竞争日益激烈的今天，受众多品牌的影响，消费者处于不稳定状态，其中，深层价值薄弱的消费者很容易受所谓的时尚风潮影响，很难对一件品牌保持长期的忠诚度，这就是众多企业所面临的一大困境。

析易国际认为，在这样严峻的形势下，企业要懂得符号有染的策略，通过将具有优势的文化和产品符号有机结合起来，达到对消费者长期的、全面的、独特的、根深蒂固的符号理念灌输的效果，使得消费者认同其品牌的价值观，并将其品牌的符号铭刻心底。一旦品牌符号被消费者用心记忆和追求，这种延续的力量就会大得惊人，如此，才能进一步拓宽产品销路，持续提升品牌影响力。

变身时尚符号，提升品牌价值

2010 年 11 月，江苏省常州市的大街小巷出现了很多另类的年轻人，他们把三四十年前流行一时的友谊、百雀羚等护肤品和曾经风靡的回力鞋等“老国鞋”当成自己追逐的对象，身穿蓝白相间的海魂衫，脚踩红色条纹的回力鞋，高喊：“这就是潮啊！”

很多当地人不解这些孩子们又在折腾什么，一些上了年纪的人更是倍感困惑：不知道从什么时候开始，那些过时的玩意儿又重新走入年轻一代的日常生活，成为他们特别推崇的品牌，无论是护肤品、服装、玩具、随身物品还是家电，只要是国货，他们一概追捧。

国货的再度风靡，是年轻人一时狂热的追捧所致，还是其品牌的魅力使然？是大众对老品牌沉淀的记忆念念不忘，还是精明的企业从中有染？

一、在国货身上找寻儿时的记忆

最近几年，越来越多的年轻人开始追捧飞跃鞋、百雀羚、美加净、凤凰自行车等老牌国货。在成都，一群风格独特的“国货青年”手戴上海牌手表，使用友谊牌雪花膏，四处寻找过时的铁皮玩具，他们的口号是：“一淘、二改、三收藏，将国货时尚进行到底！”

当然，他们并没有停留在空洞的口号层面，而是付诸实际行动，在网络上组织并形成了一个“国货时尚群落”。这个群落共有700多人，已经组织了两次集体摆摊活动，每次活动都有近百人参与。

据该群落称，之所以举行国货复古的活动，是为了怀念以前的生活方式。可以说，这是“70后”、“80后”集体怀旧、找回儿时记忆的一种民间自发运动。

类似的“国货复古”现象散见于各个城市。随着这股复古风潮，越来越多的消费者开始跻身“国货控”的阵营，烙在众多老国货身上几十年的诸如“老土”、“过时”之类的标签，正随着时间的推移而一点点消除。

二、物美价廉的国货

从2010年开始，国货品牌渐渐受到越来越多的消费者的青睐。

在相关报道中，一些刚刚创业的年轻老板一度发出这样的感慨：“在大学念书的时候，我经常接触到一些韩妆的进货途径，毕业之后本打算自己创业，开一家小日化店，主打韩妆，谁料到现在街头巷尾卖得比较火的却是国货。很多人以为国货都是上了年纪的阿姨喜欢的，但事实上买得最多的是20~30岁出头的年轻人。”

在这些年轻人眼中，售价仅十余元的大宝牌眼袋霜与动辄成百上千块的大牌眼霜相比，效果并不逊色；而凤凰甘油、百雀羚润肤脂等基础护肤品的价格尽管十分便宜，却给予消费者货真价实的印象，在部分地区的超市中销量甚至超过一些中高端品牌。随着消费者询问的日渐增多，那些从未将这些老牌日化产品放在心上的商家，包括沃尔玛、家乐福等国际大型连锁超市在内，最终尝试着进一些国货。虽然这些品牌在媒体上正面投放的广告宣传几乎近于零，但其产品销量却出奇的好。

随着国人消费国货意识的觉醒，这一复古浪潮并未单纯地停留在日化领域，它迅速地席卷以服装业、家电业为代表的其他行业，于是就出现了本节开头发生在常州、成都以及其他城市的那股“国货热”。面对来自社会各界的质疑，消费者的需求至少证明，老国货身上仍存有重要的商业价值和现实意义。

三、国货的振兴之路

在查阅了各种相关调查数据之后，析易国际发现，对于多数中国消费者来说，对购买行为起到决定性作用的并非品牌的时尚程度，而是实实在在的价值。这也是老牌国货凭借符号有染成功收复失地的最根本原因。

不论是百雀羚、解放鞋、国产家电，还是将独特味道留在人们记忆里的六神花露水，它们都曾见证了数代中国人的成长。作为一种价值符号和生活方式，老牌国货早已在消费者脑海中留下了极其深刻的烙印。可以说，国货的盛行并非一时兴起，而是整整一代人对往日经典的回忆与追溯，而这一思潮正是符号有染得以根植并发展壮大的肥沃土壤。

自从中国加快了全球化的步伐，数量庞大的进口品牌对国内市场发起了一轮又一轮的冲击。来自欧美、日韩等国的独资和外资企业，凭借其成熟的产品体系和宣传攻势，在中国抢占了越来越多的市场份额。没有足够的市场份额，中国本土品牌很难继续推广和传播，久而久之，国货的生存环境益发艰难。有的企业支撑不过，将品牌出售给外国产业巨头（如大宝、中华），有的企业则濒临破产（如上海牙膏厂），甚至早已分崩离析（如生产东方齐洛瓦冰箱的丹东东齐电气集团）。

国货企业深知处境危险，纷纷发起“振兴民族企业，发扬老品牌”的活动。这些活动以国货的品牌底蕴为基础，以复兴国货为己任，通过符号价值来有染市场，获得了良好的反响。

1935 年便注册了商标的回力鞋，是中国最早的胶底鞋品牌。20 世纪 80 年代，谁拥有一双回力鞋，谁就是时尚潮人。然而随着改革开放的深入，回力鞋在国内市场的份额越来越小，与日渐畅销的国际知名运动鞋品牌相比，何止天壤之别！

为了振兴回力鞋，上海回力鞋业有限公司为回力鞋赋予了全新的价值，将其塑造成中国一个时代的缩影。凭借这种符号有染，回力鞋在欧洲、东南亚等地的售价达到了国内的 20 倍。很快，这一热潮开始向国内回流，回力鞋再次成为众多时尚达人竞相购买的“潮品”。

四、无法抗拒的符号有染

20 世纪 60 年代的陕西西安，一度流行这样一首童谣：“海魂衫子大翻领，毛蓝裤子宽裤腿，小白鞋，大背头，军帽一戴就是牛。”这里面的“小白鞋”，说的是回力鞋或飞跃鞋，而“海魂衫子”说的正是今天在全国年轻消费群体中一热再热的海魂衫了。

海魂衫作为一种时尚，最早兴起于 1957 年风靡一时的电影——《海魂》。20

世纪中期的中国，成为一名空军或水兵曾是无数青年想都不敢想的美梦。电影《海魂》播出后，那一身象征着碧海蓝天的蓝白条纹在一夜之间击中了无数中国少年的梦想，很快，海魂衫引领的一股热潮以前所未有的速度在中国的大街小巷中蔓延。

20世纪90年代，与张楚、窦唯并称为“魔岩三杰”的著名摇滚歌手何勇身穿海魂衫、系着红领巾在乐迷面前亮相。这一造型轰动一时，迅速成为中国摇滚青年的模仿对象。而享誉国际时尚界近百年的可可·香奈儿和当代全球首席高级成衣设计师让·保罗·高提耶，则分别都是海魂衫的忠实拥趸。

2010年春，无论是引领时尚潮流的巴黎T台，还是话题不断的街拍界，均爱上了海魂衫式条纹。全球时尚界的主流与非主流惊人地达成了统一之后，“海魂衫风暴”向中国席卷而来。对时尚分外敏感的年青一代，在这场风暴中不仅找到了“潮”的感觉，也在贯穿记忆的蓝白条纹之间找到了童年的影子。因此，当国外的“条纹热”逐渐消散之后，中国的“海魂衫风暴”则方兴未艾，且大有愈演愈烈之势。

如今年轻人对海魂衫、回力鞋等国货品牌的热衷，其实是在借助潮流寻找往日的好时光。“国货控”这一名词，不仅代表了人们对物美价廉产品的拥戴，作为一种与众不同的生活方式，它亦被赋予了美好的底蕴与内涵。在这一现象的背后，析易国际看到了消费者对符号的热爱与追求，同时也看到了符号有染的光明前途。

第十一章　色彩有染，开辟蓝海

奢华干紫，缔造品牌传奇

江苏·句容九州桑果酒业有限公司（以下简称句容酒业）是一家生产桑果酒的企业。它生产的“桑果园”原来定位为“干红”。

2008 年以前，句容酒业一直以做出口为主，“桑果园干红”在东南亚一带的销量一直呈增长态势，市场口碑不错。2008 年年底，受金融危机的影响，像大多数出口为主的企业一样，句容酒业想调转枪口，转攻国内市场。

这种想法无可厚非，问题是，句容酒业虽然生长在国内市场，但一直以来以对外贸易为主，国内市场对它而言，是一个陌生的市场。

那么，句容酒业该如何打开“桑果园干红”的辉煌之路？

一、不与红酒争锋

句容酒业最终选择与我们合作。我们了解到“桑果园干红”确是一款口感不错的酒，不仅味道醇厚，而且营养价值高。按句容酒业提供的资料，“桑果园干红”具备调节血脂和脂蛋白代谢、软化和松弛血管、抑制动脉硬化等 11 种功效。

把“桑果园干红”策划成一款保健酒?

这个思考是基于“桑果园干红”的保健价值，但随着进一步分析和了解，才发现保健酒市场不仅容量小，更棘手的是，有关部门对诉求强而有效的保健品的广告监管限制多多。很显然，策划实施起来困难重重。

既然在保健品市场行不通，进入果酒市场如何呢？果酒市场虽然没有保健品市场那般饱和，但长久以来，在大众心目中，果酒的自身价值感不高，而且“桑果园干红”原料成本高，产品零售价也远高于普通果酒，在果酒市场上的竞争力并不强。

两度策划均不理想，我们通过“桑果园干红”的命名看到句容酒业的初衷，是准备进攻葡萄酒市场，与诸多干红葡萄酒一较高低。

红酒作为一种彰显现代人品位的酒类，已经成为文明、高品质、雅致生活的代名词。从品质上说，“桑果园干红”有实力与其他干红进行 PK，但是，红酒市场是个成熟而且专业的市场，张裕、长城、王朝在中国红酒市场早已形成三足鼎立的格局。在这样严峻的市场中鏖战，句容酒业要与其抗衡，必然要耗用很大的资本，这对一个刚经受金融危机的企业而言并不好。既然保健酒、果酒、红酒都不恰当，那么“桑果园干红”的符号应该是什么?

二、恍然大悟

我们从产品本身的细节再度出发，突然发现，“桑果园干红”的色泽比红葡萄酒更红，简直红得发紫！

我们品尝之后，酒中的天然色素把几位品酒者的口都染紫了。这时，有人灵机一动，说：“能不能不叫‘桑果园干红’，直接叫‘紫酒’？这样一来，可能会开创一个新品类？”

在现今市场，很多产品因为创造新品类，利用全新的符号而快速有染市场，赢得丰厚的利润。

“王老吉”开创“去火”饮料新品类；红牛开创了“能量”饮料新品类；七喜开创了“非可乐”饮料的新品类；露露开创了“杏仁”饮料的新品类……据调查显示，这几大企业都通过创造新品类、利用新符号有染市场，获得了巨大成功。

既然有这么多成功的先例，句容酒业就有可能开创一个酒的新品类——“紫酒”。

我们深入调查后，发现“紫酒”在我国一千年前就有记载。其酿造工艺的核心部分一直可以追溯到北宋时期，《五代史》中有明确记载：“圣天衣冠如中国，其殿皆东向，曰金册殿，有楼曰七凤楼。以蒲桃为酒，又有紫酒、青酒，不知其所酿，而味尤美。”

这里所说的“紫酒”，经专业人士考证，是由莎车、和田等地种植的桑果酿造而成。

有了这样一个重大发现，我们断言：“句容酒业完全可以把‘桑果酒’当作新品类‘紫酒’，与现今市场的白酒、黄酒、红酒、啤酒等并列为世界第五大酒类，重新分割酒业大‘蛋糕’，创造全新格局。”

现已有了一个可以传唱世界的品牌名，还需要一句让消费者心动的广告语！

我们看，“紫”代表着神秘、热情、温和、浪漫以及端庄幽雅，紫色也代表胆识与勇气。紫色在色彩能量中属最崇高的色彩，代表自信与尊贵。

魏晋时期规定宫中朝服用红色，常服用紫色，以紫色为三品官的服色。宋代公服三品以上用紫；北宋神宗元丰年间改为四品以上紫色。

“紫”寓意神权——罗马教皇举办最高档的宴会铺紫色桌布，穿紫色长袍；“紫”寓意着皇权——日本天皇执行最高礼仪身着紫色皇服；“紫”寓意着位极人臣——大唐王朝只有宰相才能身穿紫服；“紫”寓意着步步高升——事业上大红大紫，红得发紫。

挖掘“紫”的精神内涵，析易国际创造了一句让客户非常满意的感性广告语：紫酒才荣耀！

三、成功和启发

2009年，句容酒业推出了“紫酒”系列，其中的主打产品“东方紫·干紫”开始风行于国内高端社交场所和各国驻华使馆。当“东方紫·干紫”以中国第一款高端“紫酒”叩开市场大门的时候，消费者的心门也被叩开了。

“东方紫·干紫”以独一无二的奢华感受，令无数享用者痴然迷醉。2010年，“东方紫”成为中国儿童基金会慈善酒会的独家赞助商，同时也成为天下精英国际商务俱乐部宴会指定酒品。

句容酒业的成功，给曾经身陷困境的其他行业和徘徊不定的企业，提供了很多有益的启发和思考：站在企业发展的大局上，面对激烈的竞争格局，企业如何做到后发先制？如何引领潮流？如何获得卓越竞争力？

析易国际认为，有两种方法可以解决这样的问题：一种是企业从既成市场中分一块“蛋糕”，但这意味着要把自己置身于众多竞争对手之中，需要耗费大量的资源和精力，不是明智之举；另一种是企业利用新品类的产品符号开创一片新的天地，其中与色彩有染往往能成为企业推广品牌的上上之策！

蓝色经典，因为色彩所以出彩

“有茅台吗？”

“有，要几瓶？”

“哦，有没有‘中档茅台’？”

“没有。”

“我的意思是，在中档价位上，有没有和茅台一样好喝的酒？”

“神经病，当然没有。”

这是一个茶余饭后的笑料，但是商人从中看到了商机。

大多数人认为，在白酒消费市场中，中低阶层没有自己的奢侈品。这源于一种荒唐的认识：“带有浪漫感觉、高尚生活元素的奢侈品是中高阶层的专利。其观念为，金钱就该浪费在美好的奢侈品上！当然，奢侈品的消费群体除了中高阶层外，还包括中低阶层中向往此类生活、追求高消费的人。但是，从根本上来说，中低阶层并没有自己的奢侈品，只能讲情调、小资、时尚。”

这种认识当然有失偏颇。

中低阶层也可以有自己的奢侈品，就像每一块大陆都有自己的高山一样。白酒中的洋河蓝色经典就是大陆上的高山，它抓住了商机，平地崛起，实现了中低阶层的“奢侈品之梦”！

一、千年品牌遭遇危机

生产洋河蓝色经典的江苏洋河酒厂股份有限公司（以下简称洋河酒业），位于苏北古镇——洋河，是一家继承了千年白酒文化和工艺的企业，在国内外享有盛誉。然而，进入21世纪之后，随着白酒行业的规模逐渐扩大，竞争也日益加剧，群雄逐鹿的局面很快形成，洋河酒业遇到了巨大的挑战。

首先，世界酿酒技术不断升级，各类品质的酒在市场上迅速铺盖开来，比如，国外的葡萄酒、蒸馏酒等进口酒挤占了国内酒市场。其次，在中国白酒行业，茅台、五粮液、泸州老窖三足鼎立，其他白酒如国窖、剑南春等老品牌也风头不减，竞争相当激烈！此外，白酒产业机制不完善，消费者对白酒市场始终持不完全信任的态度。

不管怎样，随着世界经济一体化和区域集团化的不断加深，企业面临的对手越来越强劲，市场份额越来越稀少，消费者的要求也越来越高。

“物竞天择，优胜劣汰”，洋河感到了前所未有的压力。如何让千年品牌重振雄风、“笑傲江湖”，成为洋河酒业必须思索的问题。

二、寻找自己的路

在中国的白酒消费市场中，从价格上看，洋河大曲与茅台、五粮液、剑南春、国窖等名酒相比有一定的差距。这是无法改变的事实！从数量上看，同类白酒琳琅满目，而且品牌繁多，相比而言，洋河大曲的产品优势并不大。

那么，怎么让洋河大曲脱颖而出呢？

一种办法是，洋河大曲与高档酒（茅台、五粮液、泸州老窖等）“硬碰硬”。但是，这种做法只能是“以卵击石”，因为高档酒已经在消费群中深入人心，不易撼动。

另一种办法是，洋河大曲与同类白酒展开价格攻坚战。这种做法同样无益于自身的发展，反而会消耗巨大的成本。

除此之外，有更好的办法吗？

洋河酒业的高层开始将眼光投向国外，想从国外企业的发展历程中获得启发。经过研究，他们惊讶地发现，世界最大的咖啡企业——星巴克、最大的腕表集团——SHM、最大的服装集团——INDITEX、最大的家具集团——宜家家居、最著名的女性内衣品牌——维多利亚的秘密，都是靠卖中低阶层奢侈品发财的！

比如，星巴克一杯咖啡 5 美元，别的咖啡馆是 1 美元；SHM 旗下平价品牌斯沃琪请全世界最顶级艺术家设计；INDITEX 旗下当家品牌 ZARA 由顶级团队设计，一周出 2 款新品；维多利亚的秘密则无论产品价格高低，全由世界顶级名模展示。

人人都认为这些品牌位列奢侈品行列，但它们的价格又恰在中低阶层可以接受的范围内。比如，星巴克再贵，也不过 5 美元，虽然比同类咖啡贵 4 倍，但中低阶层能够消费；而维多利亚的秘密在设计和品牌运作上与最顶级的内衣不差毫分，但产品价格只是顶尖内衣的三分之一。

洋河酒业的高层突然意识到，这就是中低阶层的奢华艺术。既然它们能够成为世界上最赚钱品牌，那么洋河大曲能不能走中低阶层奢侈品之路呢？

三、天无绝人之路

能不能走中低阶层奢侈品之路，这是一个不能马上回答的问题，需要和白酒市场的实际情况结合起来考虑。

在研究过程中，洋河酒业发现，白酒消费市场长期存在“200~400元”的断崖现象。断崖现象背后掩藏的是消费断层，即“茅、五、剑、泸”的分裂，这其实是中国白酒消费市场的两极化表现。

其实，断层现象不是白酒独有，它是整个中国的缩影，中国社会是个天然的M型社会，即中低阶层和中高阶层的断崖已经存在，同时，断崖的两端都将向前发展。这给洋河酒业创造了巨大的商机！

接下来，洋河酒业面临的问题是怎么走？

须知，打造中低阶层的奢侈品与打造高阶层奢侈品不同，后者要尽量把各种高档元素用全，为一款酒可以建造一个旅游度假酒庄也是平常事，而前者则不能如此处处追求高档、奢华。洋河酒业必须对该类消费中的各种高档元素再分解，从中找出自己最容易拉动的、中低阶层最容易感动的一点，把它放大、强化，使整体产品带有奢侈感，完成新的定位。

实际上，一些著名品牌在追求奢华的同时也格外注重简单。如斯沃琪再奢华也是塑料制品；ZARA的外围制作大量外包；宜家由消费者自行运输安装；星巴克的桌椅板凳非常简单，连单间雅座都不设；PPG用各种方法告诉消费者，它其实很高档，只因省去各种中间环节，才使消费者得到了实惠……因此，洋河酒业必须大量简化重组产业结构，才能保证价格在中低阶层接受的范围内。

在诸多企业的启发下，洋河酒业决定投入大量人、财、物力，对市场进行大规模摸底调研，以了解当时不同层次消费者的真实想法，从中发现未被满足的全新需求。

通过对4325人次目标消费者口味测试以及对2315人次目标消费者饮后舒适度的试验，洋河酒业综合分析结果后得出结论：白酒消费市场迫切需要开发“低而不淡、高而不烈、绵长而尾净、丰满而协调、饮后特别舒适”的“绵柔型”新产品。

经过研发，洋河酒业采用百年老窖发酵生香、百年储存老熟等技术，推出了全新品牌——洋河蓝色经典。色彩是全世界都能读懂的语言。洋河蓝色经典通过自染，打破白酒以红色、黄色为主色调的老传统，将蓝色固化为产品标志色，实现了产品差异化，凸显了产品个性。

此外，洋河酒业还将蓝色经典的一系列产品诉求制定如下：世界上最宽广的是海，比海更高远的是天空，比天空更博大的是男人的情怀。

很明显，这种产品诉求传递了一种蓝色文化，即开放、时尚、现代、品位。天之高为蓝，海之深为蓝，梦之遥为蓝，这是对洋河蓝色文化的一种演绎，体现了人们对宽广、博大胸怀的追求。正是因为有了文化与意味，洋河蓝色经典的品牌形象提升了。

最后，洋河酒业将蓝色经典定位于中高档商务、公务接待，同时满足礼品用酒。至此，洋河酒业的色彩有染告一段落，中低阶层奢侈品的定位大功告成。

四、层林尽“染”

果不其然，洋河蓝色经典一经面市，销量便迅猛增长，在国内刮起一股蓝色风暴。

2006 年，前国民党主席连战、亲民党主席宋楚瑜先后率团访问南京时，对蓝色经典赞不绝口。同年，洋河酒业的销售收入同比增长 164.84%，尽显成熟品牌的魅力与风采，被评为“最受消费者欢迎的品牌”。

2008 年，国家工商行政管理总局及商标评审委员会认定“蓝色经典”为“中国驰名商标”。这是继“洋河”商标后，江苏洋河酒厂股份有限公司获得的又一殊荣。

2010年4月8日，洋河酒业在南京宣布正式收购双沟酒业40.59%的股权，成为其第一股东。这两家江苏酒业领军企业的强强联合，使得中国白酒业茅台、五粮液、泸州老窖前三位巨头的排名面临重新改写的局面。

2011年，洋河蓝色经典在省内市场覆盖率达到100%的基础上，省外市场开拓工作已拉开序幕。随着洋河品牌战略的完善和跟进，以及洋河大招商战略和全国化战略的实施与推进，“蓝色魅力”征服了更多消费者，蓝色经典也取得了更大的成功，实现了更快的发展。

第十二章　联姻互染，共享为王

资源共享，笑傲群雄

2005 年 6 月 11 日，在上海新国际博览中心，可口可乐提出“要爽由自己、冰火暴风城”的联盟宣言，与风靡世界的网络游戏《魔兽世界》一道现身于万人游戏的嘉年华上，现场异常火暴。紧接着，新浪游戏网独家播放了超级偶像组合 SHE 的广告片，将这次活动推向了最高潮。

在此次大型活动中，有《魔兽世界》、SHE、嘉年华、可口可乐、新浪五方参与，横跨不同的行业。如此阵容强大的异业联盟绝不仅仅是为宣传某一个品牌，它的真正用意在于联姻互染，即依靠五方的品牌阵容，提升彼此的品牌影响力。

一、掀起 12580 电子优惠券热潮

随着企业之间的竞争逐渐加剧，单凭广告效应和公共关系来提升销量的办法已经有所局限，企业要想在新一轮的市场竞争中站稳脚跟，必须寻求新策略。

2009 年 12 月，中国移动旗下的动感地带品牌和麦当劳联手，针对年轻的动感地带用户开展彩信优惠券派发活动。一个是电信老大，一个是快餐之王，此次异业联盟掀起了一场更为强劲的联姻互染风暴。

异业联盟（Horizontal Alliances）这个名词，如果从英文字面上的原意来解释应为“水平结合”。顾名思义，指产业间并非上下游的垂直关系，而是双方具有共同行销互惠目的的水平式合作关系。因此，所谓联姻互染，就是凭借着联姻各方的品牌形象与名气，在交换彼此市场资源的过程中吸引更多消费者，借此达到“双赢”的效果。

动感地带和麦当劳联手推出的这次优惠活动在全国范围内轰轰烈烈地展开，活动规定：凡 2009 年 12 月 2~29 日，持 12580 彩信优惠券的动感地带用户在麦当劳门店购买最新板烧猪肋堡，即可免费获赠香草味鲜咖啡或韩式柠檬蜂蜜特饮一杯。

在活动期间，这两款全新特饮都可以凭 12580 彩信优惠券，免费奉献给动感一族。另外，获取彩信优惠券的途径也非常简单，动感地带用户只需拨打 12580 即可。

业内人士表示，这款彩信优惠券是针对年底巨大的餐饮消费市场而推出的。这种形式完全打破了快餐连锁业关于传统优惠券使用的“瓶颈”，信息服务提供商实实在在地为消费者提供了优质、快捷的服务。

此外，全国范围的麦当劳彩信优惠券派发活动只是中国移动 12580 信息服

务中的一小部分。随着活动的不断深入，用户在北京、上海、广州、福州、西安等地均可通过拨打 12580 的形式获取各种省钱、便捷的彩信优惠券，而且信息服务包含餐饮、娱乐、旅游、天气、交通、便民等各类信息的查询以及酒店、机票的查询、预订。而类似的合作优惠活动也将随着市场开发的进展逐渐增多，12580 将通过完善的信息资讯为用户提供更多优质便捷的服务！

二、打造年轻人的地盘

动感地带用户主要包括学生群体或刚刚踏入社会的白领，快节奏的生活方式和便捷的消费行为是他们的显著特点。中国移动在产业发展过程中敏锐地捕捉到年轻族群的消费需求，联手麦当劳，为用户群体应用移动新媒体提供了良好的体验平台。

对于麦当劳而言，麦当劳由于动感地带的介入，开始瞄准年轻一族的客户。业内人士戏称，“麦大叔”正向“麦大哥”转变。

对动感地带而言，它自身通路有限，因为它的产品藏在手机里，并不为人所熟知，所以，为了提升自身品牌，动感地带选择与麦当劳合作。这种合作使动感地带直接与年轻的目标客户真实接触，并达到了预期的效果。

试想，动感地带作为一个刚刚诞生的年轻品牌，为什么能够与具有半个多世纪历史的麦当劳达成合作？究其原因，是动感地带的定位让麦当劳“怦然心动”了。

麦当劳深知“年轻人的通信自治区”、“我的地盘听我的”等口号对年轻人的“蛊惑力”有多大，它与动感地带的合作，正是看中了其年轻的消费群体。双方的联姻，不仅对动感地带有好处，也为麦当劳带来了发布新产品和促销信息的绝佳通道。

三、金博士 + 全球通 = ?

所谓联姻互染，说到底，就是一种持久而深度的合作，而动感地带与麦当劳的密切合作也自 2009 年一直持续下来。

动感地带“金球通升级版”的受众群体与麦当劳“金博士理财卡”的客户都集中了各自的中高端客户，相似性很高。由此，双方再度结盟，延伸出很多的产品和服务，比如“让客户把银行带在身边”的 STK 卡手机银行。

另外，金博士理财卡的异地通存、通兑手续费也被包装成一次性使用的优惠卡，通过中国移动提供给全球通升级版的用户。这种做法量化了有限的价值，使得联姻双方均有更多机会与客户做经常性接触，从而达到联络感情的目的。

截至 2010 年 12 月 31 日的财季，麦当劳净盈利由 2009 年同期的 12.2 亿美元增长至 12.4 亿美元，营业收入从 2009 年同期的 60 亿美元增长至 62 亿美元。2011 年 3 月 16 日，中国移动发布年报显示，受益于动感地带用户规模扩大及业务增长，公司 2010 年实现净利润 1196 亿元，同比增长 3.9%，每股盈利 5.96 元，同比增长 3.9%。无疑，联姻互染给动感地带与麦当劳均带来了丰厚的收益。

联姻互染以减少资本投入、扩大品牌效应、迅速带动销量等优点，正逐渐改变着市场格局，影响着企业的合作与营销方式。尤其是这种异业联姻互染，它能够迅速打破行业壁垒，有效整合资源并扩大市场份额，为联姻双方带来巨大的经济效益。

联姻互染降低竞争风险系数

吉利集团董事长李书福因运用“放虎归山”战略，成功收购沃尔沃，使沃尔沃在独立运行周年取得满意成就。2011 年 10 月 21 日，瑞典财政部长安德斯·博格特别会见吉利集团董事长李书福，肯定了吉利集团作为一个负责任的企业公民为瑞典经济发展作出的贡献。翌日，国外媒体的一则文章在开头处写道：吉利收购沃尔沃堪称瑞中商业合作的典范，为中国印象加分。

中国驻比利时大使廖力强感慨地说：“吉利和李书福先生在比利时乃至欧洲已享有很高的声誉，在很多欧洲人眼中，已成为中国企业的一个符号，一个拉近中欧关系、互利共赢的纽带。”

一、同是天涯沦落人，相逢何必曾相识

浙江吉利控股集团（以下简称吉利）总部设在杭州，具有年产 60 万辆整车的生产能力。2008 年，金融危机席卷世界，汽车行业受到强烈震荡，包括吉利和沃尔沃在内的诸多国内外著名汽车品牌都受到不同程度的冲击。

须知，汽车行业是一个综合型产业，涉及钢铁、石油、煤电、高科技、机械工业、服务等众多产业，一旦受到剧烈的经济震动，自然相互波及、影响。在这种大背景下，吉利和沃尔沃的生产能力受到各方资源的限制，生产量降低，销售量逐渐变缓，赢利减少。

对此，李书福认为，世界金融危机是不可避免的，特别是在经济全球化的

时代，各个行业的联系逐渐紧密，没有完全独立的行业存在。所以，在危机来临时，行业内部应尽量团结合作，才能优势互补，同舟共济，把危险系数降低。

李书福提出这个看法的同时，已经将目光锁在沃尔沃身上了。

二、联姻＝互染

2008年，李书福提出与沃尔沃合作的意向，沃尔沃高层表示赞同。2010年3月28日，密歇根州迪尔伯恩市——福特汽车公司宣布，已与吉利就沃尔沃及相关资产出售达成了确定的协议，吉利获得沃尔沃100%的股权以及相关资产（包括知识产权）。

至此，两家大汽车公司的联姻大致完成。

沃尔沃在与吉利联姻的过程中，得到了吉利的资本支持，更重要的是，可以顺利进军巨大的中国汽车市场，这无疑对沃尔沃在中国的销量有极大的推动。对吉利而言，沃尔沃的品牌在全世界范围内有强烈的号召力，吉利可以运用沃尔沃的高端品牌效应，扩展吉利在全球汽车市场的影响力，并进一步提高吉利的品牌地位。这正是强强联合、彼此互染的“双赢”结果。

另外，联姻互染也充分保证了沃尔沃轿车的独立运营、继续执行既有的商业计划以及未来的可持续发展。为此，吉利保留了沃尔沃轿车在瑞典和比利时现有的工厂，同时也适时在中国建设新的工厂，使得沃尔沃的生产更贴近中国市场。

三、功成名就，不可限量

吉利与沃尔沃的联姻，在国内建立了完善的营销网络，实施了基于SAP的销售 ERP 管理系统和售后服务信息系统，并率先实现汽车 B2B、B2C 电子商务营销，开创了汽车网络营销新渠道。

从 2010 年 1~9 月，沃尔沃汽车在中国取得了销量激增 52% 的优异业绩，全球销售则同比增长了 12.5% ，延续了其一贯的高增长态势。

2010 年，沃尔沃的优异表现昭示其在中国汽车市场的巨大潜力。同年年底，吉利汽车累计社会保有量超过 180 万辆，以同比增长 8.9%的成绩位居国内汽车上市公司上半年净利率增幅前三甲。

尤其值得一提的是，吉利与沃尔沃通过联姻互染，为开拓南美洲市场打下了坚实的基础。2011 年 10 月 22 日，1560 辆吉利汽车顺利装上了汽车滚装船“海洋挑战者”号，正式驶离宁波港，前往古巴哈瓦那港口。据资料显示，这是宁波港开通汽车滚装船运输出口汽车以来，宁波口岸出口整车规模最大的一次。

显然，联姻互染加强了吉利和沃尔沃在世界汽车市场的品牌合作力度。双方的资本、技术、市场、品牌效应等诸多资源重新组合后，实力大大加强，这为跻身世界强企之林奠定了坚实的基础。联姻互染是一把“利剑”，是一股世界潮流，是一种先进的营销策略。市场变幻莫测，竞争日益激烈，企业通过联姻互染，能够有效避过强者锋芒，保存乃至提升自身实力，使基业长青。

同行业利益均沾，顺应市场新趋势

从爱马仕、LV 到卡地亚，奢侈品牌在各自的主打产品之外都推出了香水、钱包等价格相对低廉的“入门产品”，而阿玛尼更是针对不同档次的消费者打造了六款品牌，从定制时装到流水线生产的大众品牌“一口通吃”。

这些奢侈品牌的延伸都是为同样一个目的——吸引更多的消费者，扩大品牌规模，收获更多的利益。而最近几年，奢侈品又发奇招，开始为大众品牌设计限量版的平价系列。

这到底是"委屈下嫁"，还是"另有隐衷"？

一、H&M 攀高枝，屡试不爽

2009 年 11 月 14 日，欧洲最大的服饰零售商 H&M 与著名鞋子设计师 Jimmy Choo（周仰杰）合作设计的鞋履、手袋系列在中国发售，引发上海、北京、杭州三地消费者的抢购热潮，甚至有疯狂的粉丝半夜排队守候。如此疯狂的购物浪潮，在 H&M 遍布全球的门店外早已司空见惯。

如同一夜走红的歌星、影视明星招来众多粉丝一样，作为戴安娜王妃的御用鞋子设计师——周仰杰因在美剧《欲望都市》里一展其出色的设计而声名鹊起，引来粉丝尖叫声不断。

"名气增而身价涨，身价涨而物品贵"，周仰杰使同名品牌的高跟鞋平均售价飙升到 500 美元以上。尽管如此，对于"不差钱"的粉丝们而言，这并不能浇灭他们的热情。但是，对那些身无过多闲钱却又不甘就此罢手的粉丝而言，这无异于泼来一盆凉水，购买欲望早被浇灭了。

H&M 早早看出这一部分"想而不能得"的粉丝的心理，联合周仰杰推出"平价的奢侈品靴子"。这看似有些荒唐的举动，其实另有玄机。在周仰杰为 H&M 所设计的平价系列中，最贵的一双过膝、细跟的长筒靴为 345 美元，平均定价在 90~200 美元，而手袋和饰品的价格只有 Jimmy Choo 品牌的 1/10 左右。这么一来，粉丝们有福了！

事实上，H&M 邀请周仰杰一道打造平价奢侈品，已不是初次。之前，H&M

相继与香奈尔总监拉格菲尔德（Karl Lagerfeld）、日本女设计师川久保玲（Comme des Garcons）、设计师罗伯特·卡沃利（Roberto Cavalli）等人亲密合作，并在全球范围内皆取得了巨大成功。

可见，H&M 对平价奢侈品之路充满自信！

2010 年冬天，H&M“风云再起”，与 Lanvin 达成合作，共同推出平价服饰，时尚界再次刮起大牌与快时尚混搭风，开卖前一晚就有数百人连夜排队。

二、抓住危机后的机遇

我们探究一番，H&M 为何要与众多奢侈品“耳鬓厮磨”，或者众多奢侈品为何要“屈尊下嫁”？

回溯到 2008 年，百年不遇的金融危机爆发了，影响波及全球各个行业。在这个瞬息万变的时代，经济浮动、原料紧缺、利润稀薄、世事难料！五彩的梦幻泡泡破灭之后，人们少了浮躁疯狂，变得冷静理智，凡事但求脚踏实地，开始追求平民价格。

在这种背景下，人们意外地发现，即使受金融危机冲击，但并不是所有的品牌都业绩大跌，也有个别品牌逆势而上，比如日本的平价成衣品牌 UNIQLO、鞋子专卖的 ABC-MART。其中，UNIQLO 创办人柳井正身家暴增 14 亿美元，挤下任天堂的前任社长，成为日本首富。

不得不承认，平价成衣品牌 UNIQLO 的成功是必然的，它折射出了金融危机之后人们对消费的态度。很明显，平价品比奢侈品更受人欢迎。

受此大势影响，从巴黎到纽约，从东京到米兰，一些时尚品牌纷纷放下“身价”，并因此狂赚了一笔。但是，由于跟风者接踵而至，单一地放低姿态或打造平价品的做法很快失去效力。这时候，各个品牌开始思考新的路子。

H&M 找到了一条属于自己的道路，即凭借雄厚的零售实力，联合奢侈品牌推出平价奢侈品，这样既避免了价格战，提升了自己的品牌，又迅速抢占了市场先机，即便对合作方来讲，也使得奢侈品更加亲民化。可以说，双方利益均沾，达到了共赢的目的！

三、联姻互染，利益均沾

大获成功的 H&M 只是沧海一粟，与此同时，在世界范围内，越来越多的奢侈品牌和大众品牌已经步入平价奢侈品的联姻互染轨道。

世界顶级奢侈品牌 LV 设计总监 Marc Jacobs 的自创品牌推出了 60 元人民币的个性戒指、70 元人民币的金色心形眼镜；连卡佛与 Alexander McQueen 等顶级大牌设计师合作推出限量版纯棉 T 恤，仅售 200 港元。

另外，Chanel by Karl Lagerfeld、Viktor & Rolf、Roberto Cavalli 等动辄成千上万美元的奢侈品牌也开始替一些大众品牌设计仅售几十美元的平价奢侈品；Target 则选择与活力派时装新贵，如 Luella Bartley、Proenza Schouler 等合作推出“青春潮气时装”，售价仅为 10 美元。

事实上，平民化的价格与一线品牌设计的噱头，使大众品牌脸上光彩无限，也使奢侈品牌更了解市场的脉搏。

析易国际认为，这种联姻各取所需，双方互染——大众品牌更大程度上得到了“名”，奢侈品牌则更多地得到了“利”。从本质上来讲，这是一次名利双收的营销博弈，非常成功！

奢侈品行业的分析师则普遍认为，与奢侈品牌直接推出较为低端的商品相比，和大众品牌联手推出限量的平价奢侈品，对奢侈品品牌形象的负面影响更小。反过来，对大众品牌而言，它所承受的风险也降低了。

整体而言，联姻互染对奢侈品牌来说，是场无伤大雅的“游戏”，对大众品牌而言，是一次难得的机会，在竞争日益激烈的势态下，联姻互染对加强合作品牌的战斗力、提高合作质量有不可估量的作用！

异业联盟，携手提升市场影响力

联姻互染有异业互染、同业互染之分。异业互染很常见，较为典型的是FOX照明与邦威。

FOX（弗克斯）照明是一家集生产、研发、销售于一体的专业照明电器公司，专业定位于服装、鞋业、卖场、灯具的开发与销售。

时尚，是一个虚词，和服装关系密切。

按理说，照明给生活提供方便，与服装并没有直接的关系，所以让人感觉两者相去甚远。但事实上，它们不可分割。

综观当下，在一轮接一轮的资源整合过程中，小鱼必遭大鱼吞食，“小鱼”若想生存并壮大，就要与“大鱼”联姻互染，只有扩展“互染面积”（即增加利益分派的可能），寻求联姻、谋求共赢，才能真正解决摆在企业面前最大的难题！

一、大势所趋

有人说：“中国服装业的形象变革不是从设计开始，而是从品牌开始的。”

这话不假，我们反观过去，便会发现，中国的服装业凭借优化形象、拓展终端店铺，提升品牌形象，一时风光无限。

需要重点说明的是，在这个过程中，服装业秉持终端为王的理念，把主要的精力都放在终端上，不断地拓展终端店铺，通过打造一家又一家旗舰店和加盟店以及商场专柜，树立了特有的品牌形象。

可以说，服装品牌的终端为王的策略，经过十余年的洗礼，其操作模式更显成熟。总而言之，终端店铺从打制招牌到室内装潢，经历了一系列的难题，比如“如何创造个性化的视觉，加深消费者的印象”、“如何保证自己的品牌优势”等，解决这些问题的过程就是寻找强大竞争武器的过程。

因此，每个服装品牌对终端形象的确立不敢有一点马虎。

随着市场经济的不断发展，服装品牌连锁店之间的竞争已经不再单纯地停留在商品阶段，招牌、陈列、照明等都是需要打造的非商品元素。

众所周知，品牌连锁店形象的打造、氛围的渲染，已经为品牌的销售起到了非常大的作用，同时也创造了许多营销附加值。而其中，照明就是营造氛围的一个很重要的手段。正如一位资深的设计师所言：“近几年大家对服装品牌的重视程度越来越高，这才催生了更专业的照明设计、更深层次的合作。”

其实，FOX 照明与服装品牌的联姻互染，也是近几年的事情。据相关资料显示，FOX 照明与时尚服装品牌的联姻互染始于 2005 年前后，虽然只有短短几年光景，但是互染的程度和范围日益加深。

毋庸置疑，市场在不断进步，服装品牌连锁店从最初散打散地购置灯具，到与 FOX 照明深度合作，联手打造统一的终端形象店，是大势所趋！

二、更上一层楼

随着照明行业的不断发展和壮大，越来越多的服装品牌逐渐意识到照明对服装品牌的影响，于是纷纷寻求互染。

比如，在国内，很多中高端的服装品牌已经非常注重灯光对整个卖场氛围的营造，尤其是一些代理国外知名服装品牌的专卖店，他们悉知国外高端服装品牌的运作流程，所以需要专业的灯光设计来给专卖店打造一个完整、出色的视觉效果。

正因为服装品牌有这样旺盛的市场需求，才促成了众多照明企业与服装品牌的携手合作。

据了解，FOX 照明与服装品牌的联姻互染可谓数不胜数，如美特斯邦威、雅戈尔、森马、李宁、Corlour18 女装、七匹狼男装、乔丹运动、匹克运动、凡恩服饰、可图（Katoo）、露黛尔（Ludair)、珂罗娜（Corona）等。这些著名品牌皆与 FOX 照明展开了深入的合作。

当然，双方联姻互染讲求互惠互利，这是毋庸置疑的。

对品牌服装来说，FOX 照明提供的优美的灯光可以提升店铺的空间氛围，不仅可以有效地吸引目标消费群体，而且可以体现品牌的品位与价值；对照明企业而言，产品的销售无疑是最终目标，但通过替服装品牌打造空间，也提升了自己的品牌效应。可以说，两者在联姻互染后，都“更上一层楼”了！

第十三章　时事有染，攻心为上

让媒体为我而动

为什么推广品牌一定要做广告？广告的本质是什么？在广告费用日趋昂贵、消费者对广告失去信任的今天，除了广告这一条路，企业难道就没有第二条康庄大道？

2010 年 3 月初，中国人刚刚过完元宵佳节，一段十分动人的视频便开始在网络上流传开来。伴随着日本声优手嶌葵悠远空灵的歌声，精选的十六封“三行情书”款款映入人们眼帘，接着又款款淡去，淡雅而真挚，感人至深。

这段视频来自 2008 年日本综艺节目 Cartoon KAT-TUN 的“爱是什么”环节，由日本全国各地的情书精心汇集而成。该环节在接下来的六期节目中连续出现，激发了日本民众对“三行情书”的热情。在这一时事热点中，我们看到了品牌崛起的契机。

一、跨越国界的感动

所谓“三行情书”，是1994年以来日本汉字协会为推广汉字教育而推广的一种诗歌体裁，往往以父亲节、母亲节、情人节、白色情人节、女儿节等为主题，以环环相扣的三行诗句为表达方式，最多不可超过60个字。可是，这样简短的情书真的能够表达对最重要的人的感情吗？（见图13-1）

神奈川县　男性　79岁	广岛县　男性　37岁	兵库县　女性　24岁
妻よ （妻啊！） 爱してるなんて言えないけど （虽然开不了口说爱，） 俺より先に死んでくれるな （但不准比我先死！）	手のひらの短い生命线をじっと见て （凝视掌心短短的生命线，） 「运命って本当にあるのかな」と独り言 （自言自语是否真有命运，） 妻は□って　油性ペンで手首まで生命线を伸ばしてくれた （沉默的妻只是拿笔将它延续到手腕。）	「京都と神户で远距离恋爱なの」と私がぼやくと （当我在抱怨“京都与神户的远距离恋爱”时，） 「私なんて二十年も前から」とばあばが微笑んだ （奶奶微笑着说：“这样的事我从20多年前便开始了。”） 天国のじいじ、闻こえましたか （天国的爷爷，你听到了吗？）

图13-1

图13-1是从视频中节选的部分情书，其中第一封的作者已近耄耋之年，并且作品也只有短短的17个字，却出乎意料地动人心弦。中国网民纷纷叹息：原来世俗的情感竟可蒸馏得如此纯净！

二、品牌有染有百媚千红，网易独选这一种

2010年3月11~13日，网易女人频道独家推出“白色情人节，写三行情书，上网站头条”活动，短短三天内，吸引了8000多名网民参与其中。

3 月 14 日，网易女人筛选了数封网友原创的“三行情书”作为当日的首页头条，再次跟帖的人数超过 5000 人。

当时，除了网易女人以外，没有任何一家网站引进“白色情人节”，更未意识到“三行情书”会带来怎样的商机。直到 20 天后，也就是 2010 年 4 月 3 日，“三行情书”（节选）在中央电视台新闻频道晚间新闻里播出，一夜之间，为几亿中国人所熟知，其相关视频也在网络上爆红，其他媒体、网站与各大商家才开始着意从中发掘“可染点”。

从引进“三行情书”这方面来看，网易女人领先其竞争对手整整一年时间。除此之外，网易女人还是国内将“三行情书”与“白色情人节”这两个概念大规模联合推广的“第一人”。我们认为，Web 2.0 时代的女性网站，第一要义是将门户网站转化为女性社区，而与新浪女性的“报道权威性”及搜狐女人的“视频独家放送”相比，网易女人的独特优势不仅在于其资讯的新奇程度，更为重要的是，其善于利用这一点来激励用户之间相互交流，并兴致勃勃地参与活动。

根据相关资料显示，以日均覆盖人数和日均页面流量为标准，中国的女性频道及网站可划分为五个梯队：腾讯、老牌综合门户网站、以凤凰网为代表的生力军、以 ELLE 为代表的第四梯队以及包括闺蜜网、Vogue 时尚网等在内的杂志类网站。

其中，腾讯女性借助无可比拟的客户端优势，日均覆盖人数接近 4000 万，日均页面流量达 4900 万，高居榜首，是为第一梯队。而网易女人则以 189 万的日均覆盖人数和 1013 万的日均页面流量紧随其后，在老牌劲旅为主的第二梯队中稳居领军地位，并将国内垂直女性第一门户网站 Yoka 时尚网（日均覆盖人数 172 万）甩在了后面。

而在商家眼中，网易女人无疑是投放广告的“黄金地段”，据统计，自 2009 年 9 月至 2010 年 8 月底，包括问学堂、梦芭莎、麦包包、嗨租车等在内的 10

户商家，均在网易女人频道长期投放广告，其总金额高达 173.5 万元人民币，占网易全年总收入的 3%~5% 。

三、病毒式蔓延

俗话说，博客写大事，微博写小事。随着微博时代的到来，消费者更加追求便利与时尚的和谐统一，因此，微博早已成为潜在消费群体崭新的生活方式。

“一个时代的爱情总带有那个时代深刻的烙印。如今进入微时代，爱情既要言简意赅地表白，也要快速精准地到达，‘三行情书’正是用这种简单的方式传递爱情，它告诉我们，爱情可以很简单。”这是当时不少“80 后”和“90 后”对“三行情书”的态度。

眼见“三行情书”在其消费目标人群当中受到热烈追捧，各大传媒与商家开始有所行动，一股“三行情书”的浪潮从网易女人飞速向外蔓延，首当其冲的正是各大微博网站。

2010 年广州亚运会期间，左右沙发客以“免费住宿”为口号，跳出低级炒作的怪圈，成功上演一场微博公关与线下销售齐飞、社会价值共商业价值一色的网络营销大戏，甚至被新华社评为亚运会最宝贵文化遗产。12 月 27 日，左右沙发客趁热打铁，在新浪微博上展开了“三行情书”的征集活动。每周，左右沙发客都会评出周冠军并寄出奖品。当媒体问及此次活动将带来多少商业价值时，左右沙发客微博的相关负责人员笑而不语。

四、将微情书进行到底

无独有偶，2010 年 11 月 25 日下午，电影《将爱情进行到底》的预告片和海报首发仪式在北京举行。为了配合宣传，片方不仅在微博上发起“微情书”的征集活动，出席预告仪式现场的李亚鹏、王学兵、廖凡、崔达等四名“六一帮”男星也应主持人要求，即兴创作了“三行情书”。其中，李亚鹏献给妻子王菲的“微情书”被大家笑称为最煽情作品（见图 13–2）。

李亚鹏致王菲
想到你的样子我就笑了， 还想要些什么呢？ 幸福，还是糖？

图 13–2

转过年来，《将爱情进行到底》上映后，在六天内票房过亿元，完美击溃《青蜂侠》与《致命伴旅》两部好莱坞大片，成为 2011 年情人节档期的最大赢家。

追根溯源，该片从预告仪式开始，便致力于挖掘市场潜力、调动整合现有资源。可以说，该片之所以成功以小博大，与其借助“三行情书”这一社会热点进行“有染”是分不开的。

五、深情款款，商机无限

2010 年 12 月，男性购物网站加法主义为捕捉这股风靡网络的热潮，联合中国邮政，在国内首次发行“三行情书”明信片，反响十分热烈。

随后，人人网启动了 2011 年情人节“爱你，只用三行字表达”的“三行情书”活动，用户在相关页面输入三行情诗，一封配以浪漫背景与动人音乐的“三行情书”便会自动生成。直至情人节前夕，网友通过该活动贴出了 80 多万张照片，至少 70 万人通过人人网隔空传情。

类似的“有染”还有糯米网和哇塞网以“5·20 网络情人节”的名义，在 2011 年 5 月 20 日前夕携手推出“三行情书”表白明信片。这一团购活动受到消费者热烈追捧，甚至在网络上引起热议，仅在上海一地，该套明信片就热卖近 7000 张。

析易国际认为：与其通过广告向消费者“磕头求包养”，不如“染”尽时事，“染”尽头条，让所有媒体随你而动。

对于企业来讲，利用当下的流行与时尚风潮开展营销，在“小成本、大产出”的有染方法中，无疑是极具性价比的手段之一。从网易自日本“引进”“三行情书”开始，一直到“三行情书”明信片的两度火热发售，不少商户因此而大发利市。此外，这些商户在利用“三行情书”的过程中各显其能，均创造了“无有广告，胜似广告”的良好效果，因此具有相当程度的借鉴意义。

为消费者利益着想才能叫好又叫座

2002 年 7 月 1 日，涂料行业爆出一个惊天动地的大事件——鳄鱼漆于北京召开媒体见面会，会上专门提出了《关于建议复审以提高国家内墙涂料安全健康标准的倡议书》。而这一天，同时也是涂料国标在全国范围内强制性实施的开始。

鳄鱼漆的这一倡议书迅速在涂料行业内引起了轩然大波。

在此之前，市场专家曾预测，2008 年北京奥运会可为涂料业带来 280 亿元的市场空间，其中大部分机会属于中高档市场。但是，占据了中国涂料市场高达 45% 以上市场份额的国际知名“洋涂料”，如立邦、宣威、ICI、汉高等，极有可能将瓜分这一市场空间的最好机会留给自己，至于国产涂料能够从中高档涂料市场上分得几杯羹，业内人士大都对前景持悲观态度。然而，鳄鱼漆公然“叫板”国家标准的行为令形势为之一变，也为国产涂料注入了一线生机。

一、“鳄鱼”浮出水面

进入 21 世纪，室内空气污染被列入“十大人类健康杀手”名单。国际相关组织的调查报告显示，在全球新建和重建的建筑中，30% 以上充满了有害物质，而这些有害物质大都隐藏在室内空气中，极难回避。因此，国际上已将室内空气污染列为危害公众健康的五大环境因素之一，而建筑涂料的生产标准和质量，从此成为公众瞩目的焦点。

在这样的社会环境下，我国部分省市纷纷各自制定涂料安全标准。2001 年底，国家《内墙涂料安全标准》正式公开并逐步开始实施。

早在 2000 年，北京一家原本默默无闻的涂料厂家——富亚便依靠“喝涂料”、爆炒环保时事一举成名。2002 年，鳄鱼漆毫不客气地对国标提出异议，再度成为令整个业内“哗然生变”的重磅炸弹。

事实上，自涂料国标公布后，业内已有企业联合北京市民用产品安全健康监督检验站，对涂料国标规定的有害物质 VOC 的含量限定提出质疑。鳄鱼漆紧随其后浮出水面，在涂料国标开始强制实施的同时，公然要求对该标准进行复审，称之为“火上浇油”一点也不为过。然而，很少有人意识到鳄鱼漆此举实乃“醉翁之意不在酒”，其目的也绝非修改涂料国标那么简单。

二、时事暗藏商机

21 世纪初，中国正在加快进入 WTO 的进程。与此同时，中国以每年 15%

的市场空间增长速度跃升为世界主要涂料生产国之一，并成为全球最大的涂料消费国家。在这样的情况下，国内市场上一时间涂料品牌林立，竞争也日趋白热化。

在当时的国内涂料市场上，进口品牌的市场占有率为10%，合资或外资品牌则占据了40%，余下的50%虽然由国产品牌瓜分，但因为价格和标准都缺乏相关的规范，导致国产涂料的质量良莠不齐，甚至出现了大量的假冒伪劣产品。在国内消费者看来，国产涂料在质量稳定性和价格合理性等方面均有问题，谁又会拿一家人的健康为赌注来支持国产呢?

在这样的状况下，唯一能够解决这一问题的，就是迅速打响国产涂料的品牌知名度，扭转国内消费者对国产涂料的态度。可是，由于国内涂料市场尚未成熟，如同立邦、多乐士等那般具有影响力和号召力的国产知名涂料品牌，在当时还寥寥无几。如同广大国产涂料生产商的境遇一样，鳄鱼漆也面临着这样一个挑战，那就是如何取悦消费者，以良好的声誉快速成名。

三、双响炮引爆时事热点

2002年年中，京城媒体报道了北京市民用产品安全质量监督站对北京市场上的涂料产品抽样检验的结果。根据北京涂料标准，有害物质VOC等含量必须低于125g/L，而许多国际知名品牌的产品VOC含量大都超标，其中，只有国产的鳄鱼漆达到了这一标准，其VOC含量甚至低于100g/L。

但是，2001年年底公布的国家标准却将相关指标定为200g/L。按照此标准，此次抽检的产品大都符合国家标准。如此一来，市场会继续维持“洋涂料”的垄断状态，像北京奥运会如此美味的“巨型蛋糕”，国产涂料品牌也只能吃到一点残渣和边角。

当时，析易国际的手心里捏了一把汗，长此以往，国产品牌的处境岂非江河日下，难有出头之日？

正当此时，鳄鱼漆于国标强制实施之际，轰出惊天一炮，不仅痛击了市场上的知名品牌，还防止了生产不规范的企业扰乱市场，最后，那些蠢蠢欲动、欲借机打入中国市场瓜分奥运会这块价值280亿元的国际涂料商也不得不按捺下来，重新考虑进军中国的相关事宜。

要知道，营销本质上依靠传播，而传播又讲究“第一原则”，即先来者居上。在消费者的心目中，鳄鱼漆的知名度与立邦等老牌“洋涂料”相差何止天地，想要后来居上，就必须敢于争“先”。

于是，在涂料国标全国推行的时候，鳄鱼漆选择了颠覆。

谁在消费者心目中最先树立VOC有害、家中涂料VOC的含量越少越好的观念，谁就是被永远铭记的“第一”。鳄鱼漆懂得这个道理。它公开质疑国家标准，最终目的不是推翻该标准，而是通过时事有染，充分发挥媒体对消费倾向的引导作用，令公众意识到鳄鱼漆才是中国最好的涂料。

鳄鱼漆成功了。

在“叫板”国标之后，全国各地媒体对这一事件果然进行了大量报道，鳄鱼漆一夜成名，成为中国涂料行业和消费者关注的焦点。在南方一些地区，那些知名的“洋涂料”一度被消费者视为“壁花”，很多经销商纷纷要求销售鳄鱼漆，并为争夺其地区代理权开展了一系列的激烈竞争。

四、乘胜追击

就在业界为国标之争而疯狂的时候，人人都以为鳄鱼漆会见好就收，岂料，鳄鱼漆紧接着又一次对国标发难。这一次，它瞄准的是国标的送检制度。

为了达到国标，某些厂家在送检过程中，专门为有害物质检测环节提供稀释后的产品样本，这样一来，检测报告中的 VOC 肯定达标了，但产品本身却难免存在问题。鳄鱼漆的生产厂家上海申真企业发展有限公司董事长徐昌平在一次消费者权益保护研讨会上这样说道："我们建议废除送检制，封住一些对消费者的健康不负责任的企业的后路。"

同时鳄鱼漆还指出，在正规大型的建筑材料市场，企业的送检报告在业内并无任何权威性可言，经销商一直以来只看产品抽检报告。表面上，鳄鱼漆针对的是国标送检制，实际上却是利用媒体的相关报道来普及涂料的选购常识。因此，事发之后，消费者再次给予鳄鱼漆大量的关注和赞赏，因为人们发现，鳄鱼漆在销售终端几乎全部使用抽检报告。

面对接连两次的迎头痛击，知名国际涂料品牌怎会按捺得住？2002 年 10 月 16 日，立邦工作人员欲通过媒体为 VOC"平反"，声称香水、油烟、香烟、汽车尾气等均含有 VOC，而中国的涂料国标是按照欧美儿童玩具的指标设立的，具有很强的安全性。鳄鱼漆立刻反驳道：世界卫生组织早已证明 VOC 是有害物质，其来源的多样性并不代表其无害，不能因为害处较小便予以姑息，尤其是在人们自己的家中，每日的微量摄取经过长期的积累，不是重大健康隐患又是什么？

五、呼吁消费者权益也是一种有染

"我们不明白的是，VOC 明明是涂料国标中须首要控制的有害物质，要求严一点有错吗？企业不就是增加点成本吗？"徐昌平在接受媒体的采访时感慨万千，"鼓吹 VOC 无害论的企业，若非自身技术开发水平有限，就一定是对消费者和环境不负责任。"

回顾当年鳄鱼漆的三响炮，无论是"叫板"涂料国标、"炮轰"国标送检制还是与立邦“决一死战”，之所以通过有染策略在叫好之余同时叫座，与其炮炮不离“为消费者利益着想”有关。而这也是鳄鱼漆能够打击竞争对手、杀出重围的关键所在。

2002年年底，世界卫生组织公布了《2002年世界卫生报告》，明确将室内空气污染与高血压、胆固醇过高症以及肥胖症等共同列为人类健康的10大威胁。这一报告无疑为鳄鱼漆的观点提供了强有力的证明与支持。而鳄鱼漆充分把握住了这次机会，联合业内的数家企业呼吁大家一起分享控制VOC含量的心得，再一次掀起了营销高潮。

2010年，中国世博馆采用了鳄鱼生产的彩妆内墙漆，使得鳄鱼漆再次成为世界瞩目的焦点。如今，鳄鱼漆已成为世界最大的涂料生产商之一，被公众誉为世界环保涂料的缔造者、倡导者和引导者。回顾当年鳄鱼漆一飞冲天的历程，我们有理由相信，时事有染也将会为其他企业带来同样长远的良好收益。

与时事水乳交融，注重后续营销

2003年10月15日，“神舟五号”载人飞船首次将航天员杨利伟顺利送入太空。继前苏联和美国之后，中国终于成为又一个能够帮助人类在宇宙翱翔的国家。而在“神五”这一举世瞩目的大事件中，数个中国本土品牌，如蒙牛、农夫山泉等，抓住了这一机遇，凭借出色的时事有染能力，获得巨大的品牌收益和商业回报。这几个案例成为历年来营销界津津乐道的典范。

2005年10月12日，“神舟六号”载人飞船发射成功。作为我国历史上首次完成“多人多天”航天任务的又一热门事件，“神六”飞天与两年前的“神五”

升空一样，具有关注度高、稀缺度高、应用价值高的良好营销属性。而在中国企业的蜂拥之下，“神六”的热度要比当年的“神五”更高，短短几天内，中国航天基金会已经收到3000多万元的赞助。经济学家指出，这是由于之前与“神五”有染的成功案例较多，使得中国企业普遍对时事有染产生了兴趣。

一、有染遭遇疲软期

“神六”发射成功的翌日，美国《时代》周刊的报道便称：相对于日本，中国才是亚洲真正的“经济与技术强国”。在中国耗资亿万打造“神六”、对外树立起“生机勃勃的亚洲强国”形象的同时，中国企业在与“神六”有染方面却遭遇了滑铁卢——尽管赞助商比“神五”翻了一番，却没有树立真正令人难以忘怀的品牌形象。

创造了“神五”营销奇迹的蒙牛乳业曾对外表示：“观看‘神六’发射电视直播的人数将超过5亿，这是非常难得的销售资源。”但是，在13家赞助“神六”的冠名企业中，除了长城润滑油以外，其他大都表现平平，当时难以令人耳目一新，事后也无法引发消费者的购买欲。

经历了2003年蒙牛的激流试水之后，2005年的中国企业在时事有染领域本该大放异彩。然而，正如一朵未经绽放便已枯萎的花，“神六”大热期间，本该随之大热的中国航天部赞助品牌却大都难以升温。难道真如一些媒体所说，时事有染进入了“传播疲软期”吗?

二、盲目跟风=过目即忘

根据传播递减原理，“神舟五号”是中国第一架载人航天器，“神舟六号”

是第二架，因此其轰动效应很可能弱于“神五”，这是中国企业失利的客观因素之一。

同时根据传播第一原则，2003年时事有染“发育”尚未成熟，懂得运用时事有染手段的赞助商少之又少，蒙牛等少数企业既然敢于成为“第一个吃螃蟹的人”，自然极易脱颖而出，为全国消费者所喜爱。然而，此次“神六”飞天，赞助商高达13家，从饮品到家电、从润滑油到运动鞋，令人眼花缭乱的同时，在无形之中也削弱了对消费者的心理冲击强度。这是中国企业在“神六”面前“栽跟头”的客观因素之二。

但仅凭这两个负面的客观因素，绝对无法对企业的时事有染造成本质上的威胁。

“贺客盈门的情况下，送的礼物必须要有特色。”某广告公司的首席策划人这样说道。在一窝蜂地争食“神六”这块大蛋糕的时候，企业是否冷静下来想过，冠上“赞助商”头衔、贴上“神六”标签，就能够获得消费者的青睐吗？

截至2005年，光是获得“中国航天事业合作伙伴”称号的，就有包括蒙牛、农夫山泉、飞亚达等在内的8家企业。尽管其产品、技术和服务等在各自行业内享有“中国航天事业合作伙伴”、“中国航天专用产品”标识的唯一使用权，但对于消费者来说，你也“合作伙伴”，他也“合作伙伴”，传播模式如此同质化，只能沦为消费者耳中的杂音，又怎能树立自身品牌的鲜明形象？

三、时事有染不是在事件最火的时候“染”一下就好

不是所有企业都能搭上“神舟六号”这一飞船，享受亿万地球人的瞩目。这一标准并非取决于企业规模大小、投入资金多少，而在于企业在营销战略上有心还是无心、有脑还是无脑。仅凭产品包装上的“赞助商”字样，很难对品

牌的实质形象有所提升。

实际上，企业或品牌在“赞助”中获得的实际收益是相当有限的，就连当年的蒙牛也是如此——在有染“神五”过程中，蒙牛的品牌形象的确获得了很大提升，但当年销售额的提升却并不显著。

从了解品牌到忠于该品牌，消费者大都需要一个层层积累的过程。单凭时事本身的影响力（包括红极一时的“神五”事件），企业大都只能获得短期而有限的收益。除了持有“捞一笔就走”心态的商人以外，所有的企业都必须明白：短期收益并非长久之计，时事有染的宝贵价值在于利用热门事件提升品牌知名度。因此，在事件过后，企业的营销必须有一系列的后续管理和实施策略，用以提醒强化消费者心目中已经初步塑造的品牌印象。否则事件一旦降温，企业和其品牌终将为人们所淡忘。

四、时事有染，关联性高于一切

企业若想好好利用“赞助商”的权益，想方设法与时事挂钩是必不可少的途径之一。然而，在新增的4家“中国航天事业合作伙伴”中，除了长城润滑油的“中国航天专用润滑油”和广东凤铝铝业提出的“中国航天专用铝材”之外，在另外两家身上，我们看不到任何有效的关联。

没有合适的楔入点，就没有关联性。若一个品牌的内涵与时事无法联系在一起，尽管该企业一掷千金买下冠名权或赞助权，也无法对此品牌起到任何提升作用，反而会弄巧成拙，就像搞不清楚洗衣机跟“神舟六号”有什么相同点一般，令消费者产生这样的疑问：这个产品跟那件事情有什么关系吗？

在家电行业，虽然科龙最终拼下“中国航天事业合作伙伴”的产品冠名权，但是，海尔和另一家电产业龙头——康佳反而真正搭上了“神六”这趟快船——

前者通过赠送宇航变频冰箱，与参与“神六”航天训练的宇航员“攀上了交情”；后者则与中国航天员中心结为“科技创新共建单位”，并向该中心捐赠了一批包括等离子电视机、高清数字液晶电视机在内的高科技视听产品。

而云南的两家茶叶商——海鑫和康乐，则以“普洱茶进入太空会不会变异”为研究课题，向“神六”付费“求搭载”。根据每克 2000 元的定价，两家茶商提供的 10 克茶叶一共花费了 2 万元人民币，而这一点“搭载费”相对于其品牌所获收益来讲，实在是不值一提。

五、路漫漫其修远兮

根据欧美多家研究机构评估，欧美国家的企业每在航天领域投入 1 美元，可获得 7~12 美元的回报。时至今日，中国俨然位列航天大国，而中国的航天领域将会为企业品牌的推广和国民经济的发展带来何种收益？

2006 年，在上年大行“有染”之道的众家“中国航天事业合作伙伴”中，唯有蒙牛仍然在官方网站上保留着中国航天事业的相关后续信息。尽管如此，蒙牛接下来的重点营销也非航天领域，而是“超级女声”，在“神五”、“神六”一路延续下来的时事有染也逐渐走向尾声。而其他“合作伙伴”最多如农夫山泉一般，在产品外包装上印上“中国航天员专用饮用水”的字样，包括官网、微博和媒体访谈等在内的其他传播方面，再无一丝与“神六”有染的印迹。

2005 年各位营销策划人挖空心思打破头想出来的创意，在 2006 年便烟消云散，这正应了营销界的一句俗话：注资千万，只卖半年。

今天，中国人的生活与航天科技密切相关、不可分割。截至 2011 年，中国已发射数十颗气象、通信、资源等卫星，这些科技成果转化为民用之后，其市场前景不可限量。然而，目前能够慧眼识珠，意识到航天领域的市场价值的中国企业始终寥寥无几。

“路漫漫其修远兮，吾将上下而求索。”中国企业未来的路还很长，时事有染也将会是一个长期的过程。析易国际希望中国企业在时事有染领域“修成正果”的那一天尽快到来。

第十四章　体育有染，分享盛事

有染全运会，“爱动”崛起

析易国际策划的“爱动”是泰山在线科技有限公司的网络运动品牌。爱动在线运动机是泰山体育产业集团联合中科院数十位权威专家和百位技术科研人员，历时2年耗资过亿，将互联网科技与时尚运动相结合，打造一个集成动作识别、语音、视频为一体的在线运动终端，是全球首创的在线运动装备。它包含：爱动鹰眼（主要设备，捕捉用户动作）及爱动网球拍、锤子、护膝、帽子等一些感应外设的设备。它通过三维动作视觉识别技术，将运动和娱乐融于一体，在传统的体育锻炼活动中加入网络创新技术，让人们在娱乐中健身，在运动中娱乐，引导人们进入全新的网络健身娱乐生活。

一、三大挑战

面对这样一个项目，析易国际首先面临三大挑战：

1.“爱动”是新品牌，面临着所有新生品牌成长的难题，即如何才能早日扩大品牌的知名度与美誉度?

2.“爱动在线运动机”是个新科技产品，与传统运动用品完全不同，普通客户对爱动功能特点以及优势的了解，还需有一个认识过程和信息传递过程。析易国际面临的难题是：消费者对这样的新事物、新生活方式，没有任何的经验、认知，如何才能快速把这款新科技产品，引导成一种时尚潮流?

3.“爱动”倡导客厅娱乐休闲体育文化，其中一个重要概念是“客厅里的网络健身馆”。经了解，大多数消费者对爱动提出的这些新概念，都茫然不知所云，如何才能让消费者快速理解并认同它们?

为了吸引目标受众的积极参与，当企业推出一个新品牌时，“体验”几乎成为首选。

济南是泰山在线公司的总部，在济南开展产品体验活动，无疑有地方资源上的优势。经过研究，首先选择高档儿童玩具店、高档体育用品店、大型电子教育类商场等终端进行体验活动。体验现场很热闹，尤其是带着小孩上街的家长，孩子特别喜欢参与，围着体验场久久不愿离去。但仅是热闹，家长购买意愿很低。但仅是这样也给我们带来了很大信心。大家一致同意扩大体验范围，把产品体验融入社区。

社区调查结果比较沮丧。因为调查员看好的大型社区，管理严格，即使出些费用，人家也不同意在社区搞商业推广活动。管理松懈，能够开展活动的地方，几乎都是脏乱差为主的低档社区。体验是个好办法，但若仅仅是些终端门前的小规模活动，显然不足以解决项目面临的诸多挑战。在策划过程中，析易国际了解到，2009 年 10 月 16 日，第十一届全运会在济南召开。泰山在线在山东的体育资源很多，能不能与这次全运会搭上，融入全运会，若能与全运会实现有染，借全运会铺天盖地的在济南宣传之势，困扰项目组的难题就可能迎刃而解。

二、解决大挑战需要大手笔

如何渗透全运会实现有染呢？最常规做法是通过赞助，爱动在线运动机成为第十一届全国运动会指定运动礼品。当然还有“冠名、请体育明星做产品代言人、购买球衣广告、体育场广告”等多种形式有染，将体育盛会与企业品牌文化融合。这种形式对提高品牌的知名度与美誉度，无疑会起到一定作用；但还有新产品及新概念，更是急需解决的大难题，能不能一起解决？

四年一届的全运会是我国最高水平的综合性运动会，全国关注，世人瞩目。2009 年适逢新中国成立 60 周年大庆、全运会创立 50 周年，意义更是非同寻常。作为“后奥运时期”第一个全国运动会，它不仅是一次承前启后的体育盛会，更是对“全民健身与奥运同行”活动的发展与延伸，是推动我国全民健身运动进入新高潮的总动员。而回头再看泰山在线体育集团，作为在齐鲁大地这片热土上成长起来的企业，深得政府的支持和领导的关怀，十一届全运会在济南召开，这对山东人民来说尤其具有重大历史意义。若能举办一届网络运动会，与全运会相融合，大力推动全民健身活动的深入开展，无疑会有巨大社会价值。经过论证，爱动联合济南市体育局、济南市广播电视局、济南日报报业集团等单位，向第十一届全运会组委会提出，举办“第十一届全运会暨中国第一届网络运动会”的申请。

申请报告着重强调了以下三点：

1. 秉承“科技全运，全民健身”办赛理念，在全运会如火如荼开展之际，举办一次史无前例的全民网络运动会，使运动方式多样化、创新化、平民化。

2. 2008 年，122 块奥运金牌在“泰山牌”器材上诞生。泰山以“零失误、零误差、零投诉”的完美表现荣获北京奥组委授予的“奥运会特殊贡献奖”。

3. 泰山集团，以全球首创的体育运动和高新技术相结合的全新运动方式，为十一届全运会献礼！通过展示我国体育运动发展新风貌、新成果，向新中国成立 60 周年献礼。激发百姓对全运会的关注、支持和热情，动员个人或家庭全情参与，进一步营造喜迎十一届全运会的浓郁和谐社会氛围。

经过多次沟通，2009 年 6 月，第十一届全运会组委会批准举办首届网络运动会，并采用爱动在线运动平台和在线运动机为大会技术平台和器材。2009 年 7 月，山东省省长姜大明使用体验爱动在线运动机，建议要大力推广。至此，一场史无前例的运动会开始全面启动。

三、全运会光环下的品牌互动

2009 年 8 月 7 日，十一届全运会网络运动会在济南全运会媒体中心举行了“新闻发布会”，对本次运动会进行全面介绍。网络运动会通过家庭比赛、示范社区比赛等形式展开。比赛项目设为“在线 100 米速跑、在线网球及在线乒乓球”三种，特别说明参加本次活动无须缴纳报名费和任何名义的活动费，所有参赛选手将免费赠送比赛运动装一套。

发布会后，首先在济南选择 100 个小区，以家庭为组进行报名选拔赛。开始在小区做体验时，商业行为当然物业主管不同意，但现实是与全运会有染的首届网络运动会，不仅大开绿灯，甚至争相配合。

活动展开时间，正值暑假。济南市中区的一名女士说："现在放暑假正是孩子安全事故高发期。我儿子调皮得很，稍不留神，连影子都看不到。所以我们一家三口报名参加网络运动会，让孩子的假期过得安全、愉快、有意义，既增强了体质，又陶冶了性情，全家人也能团聚，尽享天伦之乐。"

某社区举办网络运动会的体验活动，现场群众参与热情非常高，拥挤的居民朋友几乎把广场围得水泄不通，大大出乎第十一届全运会组委会的意料。参与群众不仅包括该社区的居民朋友，而且还有很多其他"外来人口"，部分群众自发打电话给自己的朋友邀请前来参与体验，现场可谓"人满为患"，熙攘蜂拥。

看到这种有趣又新鲜的运动方式，很多家长都争着向工作人员索要报名单，争先替孩子报名参加。一位从其他小区赶过来的家长对记者说："一个朋友打电话告诉我这里有网络运动会的体验活动就带着儿子过来了！看儿子练得挺开心，满头大汗的，感觉很过瘾。"

很多小朋友被网络运动会独特的比赛形式所吸引，争抢着体验跑步、网球、平衡木、保龄球等比赛项目，工作人员一时都安排不过来；还有部分成年人被"爱动"网球逼真的现场感所吸引，跟电视画面中的电脑对打人物较上劲迟迟不肯离去，很多等待群众不断催促，围栏几次被挤倒，现场差点失控。

有个小朋友在体验百米飞人赛跑时，跑出了 11 秒 32 的惊人成绩，甚至赶超了刘翔在洛桑田径赛中曾经破 13 年世界纪录的 12 秒 88，现场被众人称为第二代飞人"小刘翔"。他的精彩表现激发了现场其他小朋友的竞技热情，纷纷踊跃参与"爱动"百米飞人运动项目，有个小朋友因为一直轮不到自己，急得抓耳挠腮直跺脚。通过这样的比赛活动，爱动很快就成为泉城一个知名度及美誉度都很高的品牌，许多不论是否报上名的家庭，都在社区活动现场感受到爱动产品的魅力，纷纷到附近专卖店购买。爱动很快成为泉城的时尚。经过几个月的预赛活动后，针对选出的优胜家庭，进行决赛。活动现场，爱动把全国许多地区的经销商邀约来进行观摩，看到如此盛况，大家主动提出强烈代理产品。通过全运会事件有染，爱动从品牌到产品体验诸多难题一扫而空。

有染亚运会，中国最美“沙发客”

说起2010年的广州亚运会，最特别的或许是其别具一格的“丝绸之路”火炬传递路线，最风光的可能是其别开生面的开幕式，最吸引人眼球的则要数在各个运动项目中独领风骚的“羊城十二金钗”。在商言商，亚运会期间“惹尽桃花”、成功上位的企业，非左右家私莫属。

亚运会前夕，不知从何时开始，网络上开始疯传一组照片：一名笑容异常甜美的漂亮女孩在广州白云机场高举纸牌，纸牌上除了写有“接您到我家，免费给你睡”的字样，还留有真实的QQ群与电话号码。

在整个2010年里，试图借助世界杯、世博会、亚运会三大盛会进行炒作、赢得关注的企业和个人不知有多少，因此，2010年一度被称为“借势营销年”。当“借势年”遭遇网络营销，自然会碰撞出夺目的火花。其中红极一时、影响深远的“小月月”、“我爸是李刚”、“金山笔误门”等营销事件，都是采用着力渲染丑闻的方式；但是，若认为“接您到我家，免费给你睡”是一宗庸俗的恶意炒作，你就大错特错了。

照片中的女孩名叫左左，是“左右沙发客”的发起人之一。当天她本是去机场接一位来自毛里求斯的“沙友”，恰巧被一名路过的实习记者拍了个正着。正是因为这组照片，“沙发客”这个名词才有机会在全国人民面前露一回脸。

一、我家沙发免费给你睡

沙发客，表面意思就是睡别人家沙发的客人，这个概念来源于名为 Couch-Surfing（睡别人家的沙发）的全球沙发客自助游网站。2004 年，其创始人在一次国外旅行归来后创立了该网站，意在推广在陌生人家中借宿的全新体验。此后，“沙发客”这一崭新的互助旅行理念，迅速在国外的驴友和潮人当中传播开来。

其实不一定是睡沙发，沙发客可以享用主人空余的房间或床铺，甚至有些十分好客的主人会带领沙发客游览当地的风景名胜，遍尝美食。

因为沙发客之间通常互不相识，为了保证主客双方的人身财产安全，在国外，两个“沙友”首先通过沙发客网站取得联系，在通过邮箱认证之后，客人用信用卡支付一美元至主人的指定账户，借宿成功后双方还要互相给出评价。

在国内，客人则须通过身份验证流程（包括手机号码与身份证的认证），见面后双方还要签订住宿协议，然后将客人的身份证复印件送至居委会处备份。如此一来，“沙友”之间的信任程度也就越来越高。

二、最宝贵的亚运文化遗产

2010 年，为解决亚运会来宾与观众的住宿问题，广州全市的 2700 多家酒店和旅馆至少提供了 24 万个床位。即便如此，亚运会期间的外来游客已经超过 60 万人，其中一半以上在住宿问题上注定得不到保障。为此，广州民间悄然兴起“亚运沙发客”，美女左左举牌接机只不过是沙发客系列推广活动的“噱头”之一。

10月26日，在老羊城的地标——五羊雕像下，三名“猫女郎”便冒着萧瑟的寒风，开始热情地向游客们征集签名。“支持亚运，展示热情，欢迎加入广州沙发客！”“迎亚运，为远道而来观看亚运的朋友提供免费借宿！”女郎们这样宣传道。

10月31日下午，在天河公园的广州沙发客交流会上，一位号称“小马哥”的广州沙友为响应“猫女郎”的互助号召，举出了“创造世界奇迹，30天免费接客60人”的纸牌，迅速引起公众关注。

很多游客热衷于打听他的联系方式，希望成为其招待的“60人”之一。作为“亚运沙发客”发起人之一的“猫女郎”沫沫则回应道，她很支持这位沙友，在亚运会期间，她会首先考虑推荐客人入住她的家中。

广州市民对于这些沙发客支持亚运的行为非常认可——面对多家媒体的采访，针对沙发客们为亚运、为广州做出实际行动这一点，人们纷纷表示称许和赞扬，称其为广州亚运会留下了非比寻常的温馨记忆，甚至连新华社都在相关报道中称沙发客为“广州亚运会最宝贵的遗产之一”。

三、左右家私名动江湖

然而此时，有媒体在偶然间发现，原来这位沫沫，正是“请您到我家，免费陪你睡”纸牌上QQ群与手机号码的所有者！

故事说到这里，一个问题渐渐浮出水面——这些沙发客到底是什么身份？他们的活动经费从哪里来？这一连串关于“广州亚运沙发客”的炒作，真的只是几个沙友自行策划的吗？

亚运会开幕式之后，很快，真相浮出水面。原来举牌左左、猫女郎沫沫与小马哥都来自国内著名沙发制造企业——深圳市左右家私有限公司，这些网上网下的联合炒作，实际上只是左右家私一手策划的营销事件！

令人惊讶的是，不待媒体一哄而上进行爆料，左右家私便站出来勇敢地承认了这一事实。更让人大跌眼镜的是，一向“不待见”炒作行为、肆意恶搞“凡客体”而意犹未尽的网民，对此却表现得分外宽容，甚至对左右家私交口称赞。

在获得网民的舆论支持后，左右家私进一步表示，他们决定动员全国各地近千家专卖店和合作伙伴，欢迎来自世界各地的沙发客，以实际行动来支持亚运会。

2010 年 11 月 12 日，左右家私的独家特别“盛惠”由此全面打响。此次公益活动的主题为“机票、车票通通当钞票”，即在全国左右家私的专卖店内，中国的百万沙发客及无数消费者只要携带机票、车票等票据，就可以像沙发客一样，享受左右家私提供的免费沙发住宿。同时，“亚运沙发客”的称号也自然过渡为“左右沙发客”。

此次活动得到了微博名人的纷纷力挺，赢得了上百万博友的关注与支持，随后，网易、搜狐、新浪、搜房网、凤凰网等知名网络媒体纷纷对该活动进行声援，北京晨报和汕头日报等线下媒体也分别以“分享亚运会，沙发借你睡”、“亚运沙发客提供免费住宿”为题，对该活动进行了专题报道。

此外，中央电视台、北京卫视、南方电视台、深圳公共频道等多家电视媒体也播出了相关的新闻报道，对左右家私的行为予以充分的肯定，“左右沙发客”已经成为广州亚运会期间一道独特而靓丽的风景线，左右家私至此“名动江湖”。

四、良机也要良行配

在良好的社会效应之下，也包含着诸多安全隐患，为此，左右家私以其专卖店所在城市作为沙发客根据地，成立“左右沙发客会员俱乐部”，以提供一系列的安全保障。

随后，左右家私在网上陆续发布《左右沙发客安全白皮书》、《左右沙发客安全指引》、《左右沙发客安全保障》、《左右沙发客接待指引》以及《左右沙发客安全优势》等“官方”建议，并建立了相关的会员回馈机制与奖励细则，将这场声势浩大的公益活动做得有声有色。

提到奥运会、世博会、亚运会等全球顶级盛会，企业就会联想到“独家经销商”、“高级合作伙伴”等桂冠带来的巨大经济效益。然而现实中，大部分企业想要竞得此类称号的难度不亚于白日升仙。

析易国际认为，信息的传递乃传播之本。在当下的网络时代，网络作为目前传播信息最方便、最快捷的途径，在一个品牌的口碑、美誉度和销售业绩等方面的影响力日趋明显。因此，若想借助顶级盛会为自身制造人气和利润，网络营销显然是上上之选。而左右家私利用亚运会制造一系列营销活动，成功缔造了“商业价值与社会价值两手抓、两手都要硬”的神话，亦成为2010年度中国网络营销的经典之作。

当然，左右家私的成功之道，不仅在于亚运会提供的绝妙营销良机，关键还是摆脱了以往“牺牲品牌美誉度以赚取大众眼球”的恶俗网络炒作。其一系列的“预热事件”都紧紧围绕着同一个核心进行打造，即“沙发客之间的互助、安全与信任”，这表明左右家私蓄意打造的是不只着眼于自身的商业利益的、极具社会责任感的正面形象。此外，左右家私将虚拟的注意力完美转化成销售业绩，实现了网络传播与线下产品销售的密切结合，在赚尽眼球的同时，其销售额也获得了稳步增长。

左右家私借机营销的完美成功，使得国内企业可以正大光明地培养消费理念，在热烈的拥护中将品牌深深烙入消费者心中，这才是体育有染的真正意义所在。

有染奥运会，小额投资稳定盈利

按照常规营销途径投入 1 亿美元，品牌知名度可提高 1%；而通过赞助奥运，品牌知名度可提升 3%。这一结论并非虚构：1996 年，可口可乐公司作为亚特兰大奥运会的全球赞助商，当年第三季度盈利同比提升了 21%，而竞争对手百事可乐的同期盈利却缩水了 77% 之多。

自从前任国际奥委会主席萨马兰奇开奥运营销之先河以来，这种营销模式逐渐成为同类中的翘楚，它为所有的企业带来了打造国际知名品牌的契机，指引了一条通往全球顶级市场，甚至在行业内“加冕为王”的光明之路。然而，我们却并非试图告诉你如何进行奥运营销。

众所周知，赞助奥运会风险不小，且相当昂贵。国内大多数的中小企业很难参与到奥运营销的竞争当中，即使不顾一切争取到“独家赞助商”之类的头衔，也很有可能得不偿失。美国联合航空公司连续 22 年都是奥运会赞助商，但据最新一组调查数据显示，几乎 80% 以上的乘客并未注意这一点，有些人甚至对此一无所知。

若是如此，赞助奥运岂非只是一场豪赌？

事实上，不只是国外企业在奥运营销方面出现这种“事故”，国内企业也遭遇过。就如同支付 1000 美元入住迪拜的七星级酒店阿拉伯塔，却不知道可以乘坐潜水艇去 Al-Mahara 餐厅吃海鲜、踏上直升机俯瞰迪拜美景和享受 7 对 1 的专属服务一样，只满足于在阿拉伯塔镀金的大床上睡一觉，正是当下国内企业陷入的最大误区。

简而言之，投入与回报严重失衡，是当下奥运营销中最大的风险之一。但是我们所做的，不是致力于纠正这一错误，而是完全回避这一风险。富贵纵然可以从“险”中求来，但大多数时候，稳健的盈利水平对于企业来讲更具现实意义。

一、跟风也要讲实力

既然企业获得奥运赞助商的头衔后难免松掉一口气，以为自此“万事大吉”，那么，这种注定无法有效获取收益的赞助资格不如不要。尤其是那些急于凭借奥运营销一举打造国内一线品牌的企业，如果不顾自身的实际情况，贸然打乱资金周转的节奏，只为替“奥运赞助商”称号埋单，恐怕即便拿下赞助资格，在后续的营销开发过程中也会陷入后继乏力的困境。

要知道，奥运营销并非只有一种模式，至少“奥运有染”就比奥运营销“实惠”得多。

凭借奥运营销崛起的品牌中，最为生动、贴切和经典的例子莫过于韩国三星。该公司副主席兼首席执行官曾说过这样一段话：

“赞助奥运会，使得三星能够将自身品牌与高水平的国际运动盛会结合在一起，在最大范围内让那些热爱体育、崇尚健康生活的消费者认识三星，并使人们产生三星是世界一流品牌的印象。”

请注意，这段话最关键的部分在于“将自身品牌与高水平的国际运动盛会结合在一起”。赞助奥运会并非与其结合的唯一形式，只要能够将品牌与奥运会有效联系在一起，企业同样可以达成“在最大范围内让那些热爱体育、崇尚健康生活的消费者认识自己，并使人们产生自己的品牌世界一流的印象”的目的。

二、巧搭顺风船

事实上，靠打奥运营销“擦边球”令品牌成功崛起的营销方式，都可以称为“与奥运有染”。在缺乏全球化营销和传播网络的条件下，中小企业可以将奥运会视为四年一遇的黄金营销时段，而非营销大事件，从而灵活选择适合自己并行之有效的营销手段。这样，在不侵犯奥运赞助商权益的情况下，同样可以向业内领军地位挺进。

同样还是1996年亚特兰大奥运会的经典案例，据调查，作为该届奥运会的鞋类赞助商，锐步只有16%的受众认知率，与以往同期相比略有提升，而其竞争对手耐克却拥有高达22%的认知率，并且耐克当年并未赞助奥运。

这并非代表耐克已经成功到不需要使用奥运营销的地步了，市场瞬息万变，任何经典品牌都有可能真正成为消费者心中的“纪念”。作为玩转“奥运牌”的耐克，自然不会放过这等提升市场占有率的天赐良机——

它在亚特兰大奥林匹克城和奥林匹克森林公园之外租下了一家私人停车场，设立了耐克体验中心，举办盛大的互动活动，让奥运会观众免费体验运动的快乐。此外，它还向观众大量派发印有耐克标识的胸牌挂绳，以便观众放置门票。当这些耐克标识大量出现在奥运会场的看台上时，所有关注该届奥运会的个人与媒体，无论是身在现场，还是守在电视机前，都理所当然地认为耐克也是赞助商之一。而在公众认知中同为赞助商的锐步，相比之下就逊色得多，它拿下了赞助资格以后，几乎没有大范围地引起媒体的注意。

耐克之所以获得“并非赞助商，胜似赞助商”的营销成果，在于它并未将奥运会看作国际体育盛事，而是将其视为圣诞节、情人节之类的黄金营销时段，不求以荣誉称号出人头地，只求能够顺利搭上“顺风船”。

三、似赞助而非赞助

目前，国内企业的体育有染也显示出了强大的力量。

2008 年北京奥运会对于中国企业来讲，委实当得起“千载难逢”这一形容词。然而十分可惜的是，作为“奥运合作伙伴”的中国银行、中国网通和作为“奥运会供应商”的梦娜袜业、千喜鹤食品等品牌，却并未在正统的奥运营销上做足功夫。

前两者是财大气粗、具有国家背景的企业，国际竞争优势浑然天成，“奥运会一级赞助商”的地位相形之下几乎成了一种点缀；后两者虽然在本土业内拥有一定的知名度，其国际地位却并未因赞助奥运而得到显著提升，当然，消费者也鲜少因此而买账。与这些企业相比，华硕电脑的“非典型性体育有染”却十分见效。

2007 年开始，华硕便为中国登山协会暨国家登山队的“奥运圣火珠峰行”提供全程 IT 技术支持，并于当年 5 月与登山队业余队员共同登上珠穆朗玛峰，成为世界第一个成功登顶珠峰的笔记本电脑品牌。

2008 年 4 月，华硕与国家登山队正式结为战略合作伙伴，其生产的笔记本电脑伴随着传递奥运圣火的登山队员罗雪娟，将奥运圣火首次送往珠峰这一世界之巅。

这真是令全球为之激动的时刻！

如今，经过如此别出心裁的体育有染，“华硕主板，坚若磐石”的品牌印象早已升级为“华硕品质，坚若磐石”。这也难怪，在珠峰之巅那种恶劣的气候条件下仍能正常工作的笔记本电脑，你难道不想拥有一台吗？

第十五章　定位有染，因材施教

镣铐下的绝美舞蹈

当今，上海在许多保健品商家眼里是魔鬼市场。许多公司选择在上海注册，或把市场管理总部设在上海，而操作产品时，他们却选择其他区域，对上海往往唯恐避之不及。

为何大家都不愿做上海市场？原因几乎众所周知：

上海市场保健品的销量虽然极大，但上海人仅对西方国家产品或本地品牌的信赖度较高，对于外埠品牌，尤其是经济欠发达地区产品，往往表现出不屑一顾的心态；这就使得内地保健品在上海市场的培育期特别长，加上媒体的价格很贵，被称为“贵族媒体”，钱少玩不了；这就使得新产品前期市场启动的教育成本非常高，许多保健品厂商没等产品成长起来就支撑不住了。

一、重重镣铐下如何跳出绝美舞蹈

近几年保健品难做，已经成为圈内人的共识；尤其国家对保健品的广告加大监管力度后，许多代理商都不断叫嚷要脱离保健品，准备转行做其他生意了。在此背景下的上海市场，对保健品的监管，可以说更是过犹不及。

翻开近年上海的主流报纸，大家就会知道，几乎看不见保健品广告的踪影。在许多大、中城市可以通过“公关”上的广告稿子，如果想在上海主流媒体刊出，不用工商找，媒体自己就给卡住了。

从上海人的消费意识、贵族媒体到严格监管的市场环境，就像层层重铐，束缚住了众多保健品厂家的手脚；那么，在这层层重铐的包裹下，仅 3 个月，析易国际如何在上海市场，成功策划启动了一个改善更年期综合征的内地来的保健品呢？这还要从头说起。

2008 年 7 月的一天，析易国际上海办公室来了一帮北方客户。在会议室对方介绍说，他们有一个改善女性更年期综合征的“保健品 A”准备做上海市场，特地来找析易国际。

客户的要求很直接：

首先，策划的广告既要保证销售力，又不能被工商等职能部门罚款。

其次，3 个月内必须把市场做起来，实现销售盈利。

最后，不能做滥。因为大家计划长期经营，不是做短线赚一把就走，所以必须把品牌的高度及美誉度树立起来。

对方介绍说，从 2005 年开始，Y 公司就开始征战上海这块令许多商家垂涎的保健品市场。业内有一种说法，江、浙、沪是中国保健品市场的制高点，而上海市场则是江、浙、沪的制高点，谁能拿下上海，就相当于拿下国内保健品市场的半壁江山；可是 Y 公司运作的结果与大多数内地保健品厂家在上海的遭遇一样，很快就折戟沉沙。

据了解，“保健品 A”在国内其他城市已经成功运作约 5 年之久，面对上海这样的保健品消费的顶级市场，彻底放弃实不甘心，于是今年准备卷土重来。

虽然诸多大难题都摆在析易国际的策划项目小组面前，可对这样层层重铸下的突围，到底该从哪里入手呢?

作为保健品，“A”的批准功能是“抗氧化、延缓衰老”，适宜人群是中、老年女性。从“A 产品”以往的操作实践我们了解到，A 的目标消费对象几乎都是 40 岁以上女性，因为此年龄段的女性，卵巢生理功能开始退化，人体自身分泌的雌性激素逐渐减少，导致更年期成为骨质疏松症、皮肤恶化、心脑血管疾病、植物神经紊乱及各种肿瘤的高发期。保健品 A 对改善以上症状的效果非常明显，所以产品的功能及目标人群都不用再重新定位。

现在问题的关键是作为一个“抗氧化、延缓衰老”的保健品，在上海，广告上根本不让提及对以上疾病的预防及改善功效。

Y 公司负责人说得很直接：“我们的产品在其他地方已经是成功产品，到上海玩不转，就是因为什么也不让宣传，尤其是报纸广告，原来那些‘狠’承诺的内容，还有专家及患者的病例证言等，在报社审稿时连沟通的余地都没有，直接就给 Pass 了；这是我们找析易国际策划的重要原因之一。我们虽然想做长线产品，可我们也不想慢慢地进行品牌宣传，那样，在上海这种市场，不知猴年马月才能成呢！耗不起!”

我们认为对保健品 A 来说，首先要突破的就是广告监管的限制。说实在话，在上海做广告，不仅公关难度大，而且“擦边球”也越来越难打。原来那种通过“文案内容先说狠话，然后在审稿时，按对方的要求逐步调整，直到审稿人员心烦通过、疲惫通过或忽略通过”的消磨人的过关战术，现在都行不通了。

此时此景，这种条件下该如何突破呢？

二、创造新概念，有染“四新女人”

一次，项目小组的几个成员正在会议室冥思苦想之际，公司的媒介助理风风火火地从外边回来，进门就喊：“现在的广告太难做了？无论什么内容都必须提供出处！”

她这一嗓子提醒了正在会议室发愁的几个策划，马上把她叫了进来，总监问：“如果能够提供出处，广告是不是就能够刊登上去？”

媒介助理说：“宣传内容只要有出处，当然行了；但必须是正规出版的书及杂志等。”

项目总监说：“好，好！有了。”

思路是这样的，广告文案的内容，我们都要想办法让它有出处。现在各种医药保健品方面的书、杂志等多如牛毛。如果把自己宣传的内容，与出版物上的相结合，问题不就解决了吗?!

经过研究，针对保健品 A 的目标人群在更年期综合征及绝经后出现的各种疾病，我们从大量的资料中，找出了这些目标人群的病因、病理及生病过程中的治疗经过等内容，把与保健品 A 有关的资料及相关出处都复制了出来。

在这项工作的基础上，我们开始研究保健品 A 的概念。第一个问题是究竟创作一个什么样的概念，才能把在书海中捡到的“珍珠”串起来？

概念看似简单，却是策划能否成功的关键因素；它就像“珍珠链”中的穿绳（或线、丝都可以），针对目标，穿成项链、手链还是脚链，往往是由串连珍珠的东西决定。

在上海扎根多年，我们深知上海女性的消费倾向，有着“一流行、二休闲、三文化”的重要特点。

上海女性在心态上有如下特点：第一个明显特点就是强调“自立”。她们希望在经济和精神方面都能自立，脱离传统按自己的心意生活，而表现女性自立和强调自我意识的商品较能博得她们的欢心。

第二个明显特点是“求异”心态。许多上海女性希望生活多样化，尝试不同的生活方式；表现在日常生活方面，即要求在服饰、发型、保健等方面多样化。

第三个明显特点是“挑战”心态。希望向某些事物挑战，能亲身体验；一些标新立异的商品、服务正是顺应女性这种想突破被约束的现实而产生的。

面对这样一群人，析易国际认为：只有在这种传统思维方面实现超越，这样的概念才能成功地引爆市场消费。

根据上海女性追求自立、求异及愿意挑战新生事物的心态，我们研究认为：如果在上海推出一种弘扬“新女权、新女性、新滋味、新感觉”的流行文化，然后对它们赋予新的内涵，从文化上对传统观念提出挑战，肯定能够激起目标人群的极大兴趣。然后把“保健品 A”与目标女性的四个时尚观念相结合，从而让保健品 A 成为在“四新一族”中流行的保健品。

分析到此，一个以“四新女人”为概念的思路，凸显雏形。通过对上海人文环境的进一步深挖，我们对“四新女人”的核心价值观做了如下阐述：

（一）新女权——颠覆女性传统哲学伦理

随心、健康、美丽是现代女性的权利。

具有民主心态和人文情怀，尊重自我的情感和欲望，推动传统道德的更新和发展。经济自立、适当运动，严格控制和选择医药产品，保持身体健康状态。

（二）新女性——推崇女性现代人文时尚

风范、知性、怡然是时尚女性的写照。

个性率真、做人自信、生活洒脱、为人谦让、心情敞亮、崇尚健康、热爱美丽。女人的最高境界是缄默、睿智、自信而又富有内涵，在洞悉一切之后坦然面对。知性的女人不论是淑女还是才女、美女，都是别人眼中可爱的女人。

（三）新滋味——量化女性新潮人生体验

心情美丽、笑对生活、享受今天是现代女性的精神风范。

遵从自己内心的感受和需求，女人做自己最快乐。可以理性，也可以感性。一切听从自己心底最真实的声音，不因别人的错误惩罚自己，不因别人的失责苛求自己，不因别人的宽容放纵自己，不因别人的成功迷失自己。

（四）新感觉——延缓衰老后的轻松体验

疾病和衰老是困扰女性身心健康的天敌，她们在日常调理中找到的“新感觉”，因其有效抵御困扰女性身心健康的疾病与衰老，与“新女权、新女性、新滋味”一起构成了“四新女性”的核心内涵，成为深受都市中老年女性追捧的感觉。

当然，看了上面的策划，许多人会发出疑问：这种流行文化能撼动上海中老年女性的消费吗？

我们的回答是：肯定远远不够。“四新女人”只是时尚流行的符号，本身并没有什么销售力。

那么，广告策划的销售力在哪里呢？

中老年女性面对更年期综合征的困扰，常常表现出“焦心、忧心、窝心、堵心、担心、烦心、揪心、伤心、闹心、寒心、惊心”等现象，紧接“四新女人”，我们创作出一个“四新女人不‘三心’”的概念。

“三”是“多”的意思，同时“三心”也是每次传播的泛功能概念。三种心为一组，不断变换，“三心”的内容就是针对不同的诉求群体来配合产品诉求。

至此，以“四新女人不‘三心’”为核心诉求，辅以保健品 A“贴女人的心，随女人的缘，做女人的爱”，一起营造的时尚流行概念，很快脱颖而出。

另外，对于上海市民对内地保健品的排斥心态，我们建议在上海重新注册一家公司，把“保健品 A”变成本地产品，虽然上海人消费理性、挑剔，但对本地产品还是比较宽容、偏爱。

通过这样的策划，“保健品 A”在上海这个特殊市场，被赋予了深厚的产品文化底蕴。以“四新女人”为介体，从哲学、文化的层面，赋予“保健品 A”胶囊足够的品牌及产品的时尚内涵和外延，同时也树立了其在消费者中高品位、时尚的产品形象。

三、创意取胜，巧打擦边球

策划出流行概念，只是完成了练内功的第一阶段。在接下来的营销工具的创作中，却遭到意想不到的打击。

仅以报纸广告举例，第一篇“悄然出现的四新一族”文案内容大致是这样的：

第一部分的核心内容以描述上海出现“四新女人”的情形为主。

第二部分强调“四新女人”都是不“三心”的幸福女人；然后用各种焦心、揪心、烦心等心态，把那些资料中的“珍珠”串连起来，让概念与各种症状巧妙地建立了联系，比如把骨质疏松症的情况与焦心对应起来，在文字里只说焦心的原因是骨质疏松症的表现，却不提“骨质疏松症”这个广告中不让讲的医学名词；从而告诉目标人群“四新女人”之所以不焦心、不揪心、不闹心，是因为会保健，比如A就是她们中最流行的日用保健品。

第三部分就是经过批准的硬广告内容。按照这样的结构，一系列文案接踵而出。

不过令大家没想到的是，这样以推行时尚为主，各种注明出处的“承诺、机理及患者证言”的文案，仍然在审稿时被枪毙了。

据审稿人员说，前两部分虽然内容有出处，看似不违规，但是这样也不行，因为下边有一部分硬广告，同在一个版面上，就是误导消费者。所以这样的内容要想上，除非不放在同一版上。

听了这样的结果，那真是像掉进了冰窟窿，项目组每个策划人员浑身冰凉。想到多少个日夜的辛苦创作，大家都深感这样的镣铐太沉重了，似乎已经达到了承受的极限。

面对这种情况，几个策划都深感疲惫与力不从心。看来如何打开这层关键的镣铐，成了本次策划最难啃的骨头。

析易国际老总说：“大家不要气馁，我们是能打硬仗的团队，没有攻不下的山头，再研究研究肯定能想出新思路。”

经过反复讨论，最后大家把解决的方向放在创意上。用创意把产品的功能巧妙地表现出来，这样既不违规，又能向消费者传达功效承诺等信息。

比如，面对“‘四新女人’不焦心”这一主题，在报纸广告文案的设计上，采用一团熊熊燃烧的火焰，每个火焰上，把目标人群的各种主要症状一一列出；而火焰的根部放着一把宝剑，宝剑下面是“‘四新女人’不焦心”。

这样简单完美地传递出保健品A能够解决上述症状之意，又没有直接用文字写出，真正实现了一举两得的创意组合。

按照此思路，“‘四新女人’不寒心”的宝剑之上，是漫天的雪花，每片雪花上边都是一个疾病的症状，比如“骨质疏松、植物性神经紊乱、头晕头痛、月经失调及皮肤恶化”等。

还有“‘四新女人’不揪心”变成一束升起的气球，治疗的症状就写在每个飘扬的气球上；“‘四新女人’不闹心”是无数个下坠的铁锤，同理症状就标在锤子上；而“‘四新女人’不扎心”的上面全部是匕首，每把寒光闪闪的匕首上凸显的都是同样的症状。

当然上述的创意，仅仅是文案的一部分，或者说只占整版的1/3篇幅。接下来是“四新女人”价值观的阐述，这个是时尚文化，它没有产品机理或效果方面的承诺，所以怎么说也没谁过问。

文案中的最后一部分是产品上市的活动广告板块。经过这样设计策划，文案在广告审查时，几乎没有改几个文字就全部通过了；听到传来这样的好消息，一种如释重负的感觉油然而生。

四、神奇促销：“买一送二，不买送三”

广告创作成功了，而且能够刊出去，只是打下了一个策划的基础。如何快速启动，在三个月内实现盈利，才是Y公司真正想要的成果；否则，前面所有的工作就算白费。

业内许多人都晓得“上海市场启动慢，可是一旦炒作成功，延续的销售周期也很长”。问题是慢慢的启动，需要大量的银子，不是一般企业能够承受的，有许多朋友在上海做市场时就因打得弹尽粮绝，而功亏一篑。

如何才能缩短保健品A的市场导入期成了又一个为策划人员套上的枷锁。

虽然在上海打拼多年，可是似乎每次面临的难度，都丝毫没有轻松之感。在项目经理的带领下，大家又开始绞尽脑汁想办法。

说起上海的消费者，我们打了多年交道，其实除了上边提到的诸多特点外，还有一个特点也认为很突出，那就是“精于计算”。

别看上海人有钱，只要超市等地方有打折促销，许多中老年人为了 2 角钱也会耐心排队等候。这种现象在那些豪爽的北方人看来简直不可思议。

当然，保健品 A 是新产品，显然不可能通过打折促销快速启动；因为这样不仅严重伤害品牌，而且对于自己不了解的产品，折扣再多消费者也不会买账。

那免费给，会不会要呢？

提到“免费”大家忽然有了一些想法，因为许多上海人爱贪小便宜，尤其是中老年女性，对白给的东西不疯抢才怪呢！问题是免费赠送这种活动是个非常古老的营销手段；说句不好听的，又多又滥。还有许多产品都打着免费赠送的幌子忽悠消费者；当大家高高兴兴去领时，才发现上当了；所以一般的赠送，根本不会有什么响动。

但经过大家反复讨论，免费赠送确实是营销中非常厉害的杀手锏。只是免费赠送要想赢得消费者，对保健品来说要有两个条件：

1. 产品必须效果好，而且是显效产品；消费者能很快了解产品好处。

2. 赠送要让对方相信是实实在在给，不忽悠人。

满足了这两个基本条件之外，对活动的宣传，在文案的创作上，也要能打破常规有新鲜感，这样才能引起目标顾客的关注及兴趣。

如何策划才能满足上面所有的条件呢？

经过与厂家推心置腹的沟通，厂家领导拍着胸脯保证，产品效果肯定经得起体验。有了这个保证，经过头脑风暴后，我们认为：

1. 赠送的量一定要大，一定要能激起消费者的兴奋点。

2. 要在上海选个公证处对活动做公证，有了当地的公证，消费者就容易相信得多。

活动关键点是宣传时，当读者扫一眼广告，如何留下深刻影响，或引起对方关注兴趣？否则活动策划得再好，如果读者拿到报纸大概一扫，没看清活动内容就丢到一边，结果肯定事倍功半。

经过反复琢磨，最后析易国际的策略总监提出一个看似悖论的思路："买一送二，不买送三！"

策略总监说："把这个作为活动板块的主标题，关注度肯定很高。"话刚说出来，在座的就询问，这是什么意思？"买一个只送二个，可不买却送三个"，大家纷纷表示想不通！

"想不通就对了！就是要这个想不通。你们在座的都有疑问，你想，读者肯定更是满头雾水，好奇是人的本能，许多人就会一探究竟，这样关注度肯定上来了！"老总解释说。

此创意一出，大家纷纷叫好，具体思路是这样的："我们这次免费体验是 3 小盒，规格是 1 × 24 粒；如果消费者愿意买 1 大盒，那么我们就赠送他 2 大盒，规格是 1 × 48 粒。"

老总继续解释道："大家想，消费者若不买，只能领到免费给的 3 小盒；如果选择买一大盒，实际上得到的是 4 小盒；还是买合算；因为平时买是没有折扣的，这样因为买比免费赠送的划算，道理上这是讲得通的。对我们来说，对方买与不买无所谓；因为我们活动目的，就是通过免费体验，赢得口碑，赢得回头客，从而打开市场。"

经过与 Y 公司沟通，对方同意了我们的方案，计划拿出近十万元的产品用于首批体验。当然，对如何领我们都做了简单有效的规定，因为每个人赠送 3 小盒价值 196 元产品，而且经过公证，如果顾客蜂拥而来，那可难以招架。

后来，活动一经推出，果然咨询热线电话打爆，应者云集。通过实物广告实现"体验营销"，不仅快速撬开了市场，而且建立了消费者对产品的好感和信任度，树立了企业的品牌形象；还有免费体验也拉近了 A 产品与消费者之间的距离。

在大活动的推动下，Y 公司及时收集消费者资料，保健品 A 的专卖店也快速建立了消费者的数据库，以活动参与者为主，并以此为基点培养基础忠诚消费者，为后续的市场推广形成“滚雪球”效应。

就这样在不到三个月的时间内，保健品 A 通过“新奇特的流行概念，超越极限的创意突破，实实在在的体验活动”，像一匹挣脱枷锁的骏马，迎着朝阳绝尘而去。在析易国际策划下，“A 产品”成为 Y 公司唯一成功占领上海市场的保健品。

罂粟花绽放，缔造商业传奇

说起罂粟，总让人们充满了深深的恐惧；想到罂粟花时，浮现在脑中的就是美丽背后隐藏着的邪恶。但罂粟花的另一面却鲜为人知——它留下的罂粟籽经过加工后却可榨出一种复合营养价值极高的“罂粟籽油”。由于稀缺的缘故，由罂粟籽榨出的食用油，在古代是皇宫的独享之物，被称作“御米油”，与其他食用植物油相比更营养、更健康、更易被人体吸收。

2007 年 4 月，北京百号广大生物科技有限公司的几位高管来到析易国际。董事长沈先生说：“‘罂粟籽油’就像一个流落民间的御用宝物，由于大多数人不了解实情，不识其珍贵，反而害怕食之沾上毒瘾，导致这种油在市场上不仅销量小，而且其价格就像农贸市场的普通食用油一样低。全国仅有几个地方在小面积做，其实它是蒙上尘埃的国宝！现在，我们已经能做到年供应 400 吨的规模。可如何才能使这个陨落民间已久，表面沾满尘世污垢实则异常精贵之物大放异彩呢？希望析易国际能想想办法。”

一、卖功能，一条死胡同

接到案子后，从广大提供的资料了解到，在 2005 年，国家卫生部、国家药监局、农业部、国家质检总局、国家工商总局联合批准可以在市场上销售“罂粟籽油”。2006 年，“罂粟籽油”获卫生部批准为新资源食品，而且由国家专项监管；还有国家兴奋剂及运动营养测试中心检测报告结论“长期食用不会成瘾”。在中国疾病预防控制中心营养与食品安全所检验后的报告也显示“未见不良反应，无毒性”。

看了这些资料，首先解决我们心头的如“吃‘罂粟籽油’会上瘾吗？国家允许自由买卖‘罂粟籽油’了吗”等诸多疑惑。我们知道消费者同样面临这样一个常识性的疑惑，可要改变消费者心中对“罂粟籽油”的疑惑，就不仅仅是宣传上述内容这么简单，一个多年来形成的习惯看法，要让消费者进行脱胎换骨的转变，肯定是一个系统工程，我们要打的是一场全新的战役！一个没有人玩过的市场；一个没有直接竞争对手的市场；一个最大的敌人就是自己的市场！

策划首先从确定产品定位开始，也就是说我们卖的是什么。市场调研肯定是策划必不可少的步骤，我们对“罂粟籽油”都有哪些功效做了深入了解。

经调查，“罂粟籽油”不仅古代为宫廷御用，而且在《开元本草》、《本草纲目》都有记载。“罂粟籽油”含有 100 多种营养成分，包括 20 多种有益于人体的生物碱，10 多种不饱和脂肪酸，10 多种人体所需维生素、微量元素，丰富的多糖、多肽、醇类、黄酮等天然物质。其中，不饱和脂肪酸含量是深海鱼油的 2 倍，大豆油的 13 倍；分子式结构特殊，能够渗透普通塑料包装，有利于人体吸收。

食用“罂粟籽油”后，可以预防与治疗高血压、心脑血管疾病，预防脂肪肝、肝功能障碍症，提高免疫力、改善睡眠、抗疲劳，具有抗衰老、美容功效，有化痰镇咳之功效，对支气管炎、咳嗽、哮喘病有康复作用，是癌症患者最好的营养食品，而且经常食用，还能提高性功能。顺着这个调研结论，我们开始寻找目标消费者定位的问题，即我们把它卖给谁。

瞄准中老年人群吗？用它可以预防与治疗高血压、心脑血管疾病；瞄准富贵病人群吗？可以预防脂肪肝、肝功能障碍症；瞄准亚健康人群及脑力劳动者吗？它具有提高免疫力、改善睡眠、抗疲劳的作用；瞄准妇女吗？用后具有抗衰老、美容功效；瞄准呼吸疾病患者吗？食用有化痰镇咳之功效，对支气管炎、咳嗽、哮喘病有康复作用。还是瞄准癌症病患者，抑或成年男性？一个是最好的营养食品；一个经常食用，可提高性功能。从功能上讲，“罂粟籽油”都能满足上述人群的需求，似乎他们都可以是我们的直接顾客。但深入研究发现：能满足他们需求的产品种类层出不穷，例如，深海鱼油、蜂蜜、灵芝粉、人工冬虫夏草等；能满足他们需求的产品价格，一个比一个还要低，三天两头还要打价格战；能满足他们需求的产品数量，大量的厂家都在供应，想要多少就有多少。

在这种“自用”市场，靠“走量、低价位、大众化”的做法与“罂粟籽油”天生具备的“神秘、稀有”的内涵气质完全不符合！显然，如果按照这个策略往下执行，就可能会陷入拿着金碗“讨饭吃”的窘境，显然是个死胡同，怎么办？

二、“罂粟籽油”的突破之路在哪里

近几年来，析易国际一直靠超限营销的思维突破许多难关。所谓超限，是指超越所有被称为或是可理解为界限的东西。超限营销就是超越现有营销条件局限，丰富并整合企业可利用资源，使营销资源与企业其他资源相匹配的一体化运营，追求企业综合资源效能最大化发挥。

析易国际的超限营销理论认为：做营销要勇于突破、大胆创新，只要是不违背基本商业道德的营销策略，都可以作为营销的重要手段，并且要做到超越限制、超越局限、超越极限。

既然按照罂粟籽油本身的诸多功能及相对应的目标人群，不能实现与产品气质内涵相匹配的产品定位及目标人群定位，肯定就要超越现有的功能局限，另辟蹊径。

重新对产品进行研究发现，罂粟籽油与生俱来的“神秘、稀有”气质完全符合顾客对高端礼品的要求。能不能把“罂粟籽油”定位为“礼品”呢?

我们注意到一个事实：中国是礼仪文化之邦，处在社会任何角色的人都避免不了送礼，每年中国送礼市场达到600亿元，其中北京就达到100亿元！而根据现阶段市场调研显示，在诸多送礼的行列中，“商务送礼”几乎占据了礼品市场80%的份额。讨论至此，罂粟籽油的定位策略呼之欲出：“假如把产品定位为中国顶级商务礼品，从而建立起品牌的形象价值标杆，是不是就能超越产品功能，找到突破之路呢?”

析易国际多年来对国内礼品市场的研究认为：在迎来送往的商务送礼中，送礼者最关心的是受礼者能否明确感知此礼的厚重，它包括人情的厚重和价值的厚重，而此两项的精贵的前提是品牌是不是够响、东西是不是够稀缺?

根据以上问题，我们看“罂粟籽油”的稀缺与顶级商务礼品的高端定位，正好与送礼者及受礼者双重的心理暗合。既能体现送礼心意和有价值的礼物，又能满足自己和被送者的虚荣心，也能彰显对方的身份和地位。

更重要的是要想解决消费者对罂粟籽油的“安全方面”的疑惑，我们认为从高端消费的顾客入手，这类人群有知识、有文化，容易相信科学验证的事实，较容易打破对“罂粟籽油”的那些想当然的错误习惯认识。试想，当许多高端人士开始食用“罂粟籽油”时，就成了意见领袖，他们的影响力，就可能会让员工、部下、亲朋、邻居当做时尚效仿，榜样的力量、高端的口碑，比起硬生生的广告说教，效果当然不可同日而语。

“山重水复疑无路，柳暗花明又一村”，通过许多不眠之夜的思索、讨论、调查、梳理、碰撞和求证，终于为“罂粟籽油”找到了一个大家满意的产品定位：“顶级商务礼品”。

在这一重大的战略性定位诞生后，析易国际为广大公司进行了严密的市场准备，以品牌策略为核心，从诉求方式开始着手：“罂粟籽油”是体现送礼心意和产品价值的礼物；“罂粟籽油”是满足送礼者和被送者虚荣心的礼物；“罂粟籽油”是彰显身份和地位的礼物！从而提出品牌诉求：倡导中国高尚生活方向。通过这样的策划，在功能诉求上，反倒不过多渲染，只重点传播“对人体益处多多的极品营养油”。

面对这样的高端商务礼品定位，包装设计风格无疑会对品牌形象有着严重的影响。所以在包装设计上我们也下足了工夫。

首先，以罂粟花为主要图案识别，瓶形选择与油的光滑圆润一脉传承，有头、有腰身、有下摆的弧度流线设计。通过磨砂的砂质手感滑而不落，并将油品的成色做了朦胧处理，体现了贵则不露的身份。

其次，礼盒内衬轻柔银质绸缎铺设，并附深咖粗布固底，厚实而稳定，并加附磨砂薄纸幅面，内藏而隽永。

最后，礼盒以方正而大气的调性为主。在乳白与浅紫色罂粟花的摆动下，流露出商务与典雅的气质。

在包装方案出台后，从研究国人“送礼送双”的习惯和传统，制定了以

“组”销售的方案。这样表面看是吻合送礼习惯，实则是双倍销售扩大销售额。没有单只销售，再次夯实了商务礼品的唯一性，即不作他用，唯有送礼！这样的策划，“礼仪传递之大使形象”再次得到明确，也为市场销售勾勒出了清晰的脉络。

三、让目标顾客发现你

“高端商务礼品”的定位战略出台后，策划仅仅完成了一小部分作业，怎么让人想买？解决这个传播的问题，才是提升品牌美誉度，扩大知名度，从而拉动销售的关键。也就是说下一步的工作必须解决：对谁说？目标消费群，找到正确的传播对象；说什么？宣传中说出准确的传播内容；最后就是怎么说？必须找到正确的传播方式；只有这样才能实现“罂粟籽油”的战略目标。

“罂粟籽油”产品定位确定后，我们也得出目标消费者定位：高端送礼人群！他们是以商业精英、政府官员、企业领导等为主的人群。当然作为策划者，面对一个产品，不仅仅是策划确定诸多定位问题；我们最关心的问题是到底怎么做，才能帮助产品卖好？到底解决了什么问题，产品就可能卖好？

从析易国际十余年策划传播的实践经验中，我们发现除去渠道、终端、产品品质、营销队伍等因素，在传播层面（说什么）需要解决的问题，集中在以下四个方面：紧迫感、价值感、发现感、信任感。

紧迫感，主要指消费者的需求状态，这是第一个问题。消费者有解决自己问题的需求，这种需求处于“迫切还是不迫切”的状态，是不是紧迫？紧迫，就有消费的动机；不紧迫，就没有。比较“罂粟籽油”的高端商务礼品定位，我们不难发现，年年送礼年年愁，不是没钱买主要是不知送什么好；所以紧迫感肯定存在，基本不存在问题。

价值感，主要体现在目标顾客认为你这个产品值不值这个钱。这是第二个问题。消费者有需求，发现了你，并且相信你能满足他。他准备买了。买了我们的产品一看，怎么比别人贵了那么多？一个小问题，带来的可能是大麻烦——不选你，选了别人，这个问题，我们也将会遇到。由于罂粟籽油的稀缺，俗话说，物以稀为贵，所以价值感是相对重要，但是顶多算个次要矛盾。

发现感，主要强调目标顾客能不能发现你？这是第三个问题。这里有两个层次：

1. 大的发现感。在所有信息中，你是不是让人注意到你，发现了你。因为在纷乱的传播环境下不被“发现”，就没有价值，就会被湮没。当人们想购买某一类型的产品时，在他的脑子里会逐渐形成一个菜单（3~5 个产品或者品牌），如果你的产品能够进入这个菜单，那么，被消费者选择的可能性将大大提高。而要达到这个目的，“被发现”是最重要的前提。

2. 小的发现感。“产品同质化”现象普遍存在的时代，任何一个产品都不容易在产品本身的特点上长期处于垄断地位，相似的产品很多。这个时候，你和同类产品有什么不一样，有没有给人感觉很独特的东西，可能是形成购买的又一个重要因素。

信任感，就是目标顾客相信不相信你能满足他的需要。这是第四个问题。是否相信你可以满足他的需求，或者说，是否相信——满足他的需求，你是最合适的？这可能是他下决定之前最重要的一个因素。

在信息泛滥时代，如何让目标顾客发现你，并且产生信任，才是主要矛盾，也是最难的问题。怎么解决主要矛盾做足发现感，并在此过程中获得目标顾客的信任呢？

四、剑走偏锋，突破老方法

对于广大“罂粟籽油”的传播推广思路，析易国际认为：“必须突破老方法，创造新战术。”与顾客协商后，根据客户资源情况，我们首先选择北京市场进行突破，经验表明，如果能在北京这种高端商务人士云集的市场获得成功，就等于拿下国内礼品市场的半壁江山。

作为启动北京市场的开端，我们选择四种推广途径来解决“发现与信任”。

1. 大型新闻发布会。大型的新闻发布会直接面对目标人群，现场邀请的嘉宾就是现在的和潜在的顾客，顾客群非常集中；而且也容易为新闻报道创造新闻话题，产生引爆点；这样为广大“罂粟籽油”的品牌积淀打下基础，借此与相关机构也可建立合作关系。所以召开大型新闻发布会是我们迅速打开市场缺口的重要一步！

新闻发布会的主题，我们把它定为“‘2007 年北京顶级商务礼品高峰论坛’暨广大‘罂粟籽油’上市发布会”。各行业领袖人物、各国驻华使节、政府要员、高档会所、俱乐部成员及时尚文化界人士（服装模特、音乐、影视明星）都是邀请嘉宾。

在这里说一下，为什么要把主题设为 2007 年北京顶级商务礼品高峰论坛？“广大罂粟籽油”与“商务礼品”紧密结合，传达一个信息：它是顶级营养油，能吸引更多对高端物品迷恋的顾客，这样可以迅速提升它的高度；还有经过这样的结合，“广大罂粟籽油”无疑就成为“极品油”行业中的唯一代表。

新闻发布会前后，重量级的媒体相继报道，引起目标人群的极大关注，但是在每日信息量浩大、市场竞争激烈的环境下，这样的宣传不过是“一桶水里的一滴水”，很快就会湮没。要树立“广大罂粟籽油”品牌形象，实现销售目标，还要出奇招！

2. 网络炒作。网络炒作能给品牌带来的好处就是“快速出名”。例如“超级女声”通过网络炒作，无人不知无人不晓，抢占人群“心智”。还有“天仙妹妹”，炒作完后给人留下强烈的印象，那里山清水秀，人好风景更好，直接带动了当地的旅游发展。

怎样炒作才能保证实现我们的目标？一是提炼的锐意的“炒”点，如“京城惊现罂粟籽油”、“罂粟籽油有毒吗?”、“为什么要限量销售?”、“用‘油票’才能买吗？又回到计划经济时代?”等，提高品牌的发现感。二是引导调性。网络人群形形色色，不能控制，只能引导。通过事先的新闻发布会明确“广大罂粟籽油”不是一般人能享受的油，是一种高档生活的态度，积极向上的人生姿态；然后再提供大量正面资料等内容，提高目标人群对产品的信任感。

3. 广告宣传。前面介绍了新闻发布会、网炒等宣传上的奇招，但无疑大量的正面宣传和引导肯定必不可少。我们整合多种媒体资源，如报纸广告、电视广告、杂志广告、DM、手机短信等，全面对京城的商务人士进行集中轰炸。

报纸广告以发布“产品上市广告、产品代言人广告、送礼/促销广告”为主；在各个阶段的广告中都重点体现、突出“珍稀”、“高贵”。

上市广告：8 月 14~28 日，产品上市，以介绍罂粟籽油的好处为主。

产品代言人广告：8 月 29 日~9 月 20 日，用克林顿（拟请）引导消费者，建立讲究生活品位、热爱生活的人流行送别人或自用“广大罂粟籽油”的习惯。

送礼/促销广告：9 月 21 日~10 月 20 日，利用中秋节、国庆节、重阳节，实现火热销售。

电视广告分两种形式：

首先是专题片，长 15 分钟，用于非黄金时间段，是快速走货的主要途径，旨在缔造出高品质生活。析易国际建议以“故事套故事”的形式一一剖析产品的珍稀、安全、高尚等特性。要求庄重而不沉重，优雅而不俗雅，并且符合中年新贵辛辣、练达的人生状态。

其次是 15 秒或者 30 秒的品牌广告，以代言人为核心，突出产品的稀缺性和健康性，建立沟通性；树立品牌形象，接近与目标人群的距离。

杂志广告，选取《时尚》、《名牌》等媒体，采取比肩策略与奢侈品红酒、洋酒等放在一起。

DM（Direct Mail）手册（免费派发的宣传材料），主要通过直接投递或者放在终端供顾客自由索取，该广告途径费用低，但是要求手册设计精美。

手机短信，与电信部门合作，针对全球通 VIP、中银 VIP 等各种群体，手机群发短信传达产品信息。

4. 参加奢侈品展会。配合以上三种途径，在目标人群集中的展会上亮相，强化“广大罂粟籽油”为极品营养油形象，形成直接销售。如国际顶级私人物品展、上海国际品位生活展、太湖顶级私人物品展等。流线的瓶形，高雅的外观设计，大气的包装材料，强大的专家顾问团的一致认可和推荐，令罂粟籽油一跃就成为高端商务和高档快销品经销商青睐的对象。

综上所述，我们用新闻发布会为产品定性定调，网络炒作为奇招，硬广告为宣传主力军，各种展会为辅助推广手段；实现“高调出击、奇招制胜、扎实稳健、拾遗补阙”；加上各大高端商场专柜专销，截至 2009 年 1 月底，“罂粟籽油”销售已突破 1 万组。

“罂粟籽油”案例的成功给很多农业产品的企业带来了启示。随着国民经济的快速增长，过去小范围的只有部分高端人群享用的有机食品、天然食品、功能性农副产品会越来越多地走进百姓的餐桌。而“罂粟籽油”通过“高端商务礼品”这样的定位，抓住了食用油行业高端市场的空缺，剑走偏锋，开创一个巨大礼品市场的同时，也解决了罂粟籽油曾经面临的诸多难题。这样的市场奇迹，相信“罂粟籽油”不是最后一个，而是刚刚开始。

跨界定位，“仰妍”行业漂移

大陆板块的漂移，造就了珠穆朗玛峰奇迹。2008 年底，一款以美容功能为主的保健品，利用析易国际的行业漂移策划理论，实现脱胎换骨的突破，成为众多业内人士震惊的策划大案，这个革命性的产品是如何诞生的？事情还需从头说起。

一、破壁花粉，为何碰壁

北京颐寿园蜂产品有限公司是国内极具实力的蜂产品龙头企业。多年来其一直专注于蜂产品研发、生产、销售。经过十几年的打拼，颐寿园已经成为蜂产品行业的领军品牌；但受产业规模、市场容量的限制，近年来颐寿园深感再上一个更高的台阶，实现自身的突破很难。

意识到发展“瓶颈”，颐寿园找到了国内著名的策划公司析易国际。2004 年，析易国际与颐寿园第一次合作，曾帮助颐寿园成功运作推出“文正堂”品牌，至今其销售额仍在逐年增长。经过沟通，颐寿园又一次把企业突破“瓶颈”，再造市场奇迹的重任，准备携手析易国际一起扛起。

析易国际认为，颐寿园要想突破“瓶颈”，目前必须要选一款主打产品进行革新，然后带动整个企业的大踏步发展。对颐寿园的当家产品“蜂蜜、花粉、蜂王浆、蜂胶”，该选哪款产品进行革新呢？项目小组开始了深入考察。

蜂蜜是大众认知度最高的蜂产品，如果选择蜂蜜会省却巨大的推广教育费用和时间；但在消费者认知中，蜂蜜是价值感低的低端产品，利润空间受到了限制。

蜂王浆和蜂胶的功效高，但由于价格过高，一直以保健作为核心卖点，消费者认知度低，受众人群面较窄，销量受到限制。

花粉可以操作吗？“花粉具有美容功能，女性一定喜欢，价格相对比较低，也容易接受”，项目组的一个女组员，一语惊动四座。经过激烈的讨论，大家一致认为花粉最适合做大、做强。花粉富含数百种美丽肌肤元素，12 种 B 族维生素，是纯天然、全营养、多功效的天然营养库。日韩的女性都有使用花粉养颜塑身的习惯。历史记载，武则天因坚持使用由花粉研制成的“花清膏”，年过八旬仍是满面红光。不过令人疑惑的是，既然是这么好的产品，为什么花粉市场一直做不大呢？每年全国的市场总容量不到 1 亿元。

项目组在深入颐寿园企业内部与蜂产业市场一线，进行了全面的市场调研分析后，花粉产业难以做大的制约因素逐渐呈现出来：

1. 口味不好，难吃。原味花粉口味太差，没有几个人能受得了花粉的味道。不论是冲水也好，还是直接入口，消费者都很难接受。

2. 部分消费者使用花粉后，出现过敏症状，这也是女性消费者知道花粉具有美容养颜作用却不敢使用花粉的重要原因之一。

3. 现在市场上销售的花粉，产品形态落后，包装缺乏时尚感，难以成为潮流。原始形态的花粉，缺乏精细处理，不时尚，吃起来太麻烦。

4. 以保健功能为核心卖点，选错市场，难以做大做强。所有花粉都以功能为核心卖点，拼杀保健品市场，受市场规模限制，难以有大的突破。

如何改善花粉口味难吃的顽症，突破现有的营销模式，将花粉市场做大做强，让更多的消费者认知选择花粉，一个个难题摆在项目小组的面前。

二、拒绝平庸，突破“瓶颈”

有人建议将花粉进入保健品类别市场，以胶囊的产品形态，走美容养颜保健品路线，改善原始形态花粉使用不方便，口感不佳的顽症。

经过思考，析易国际否定了这个方向，我们认为这样做不仅无法从本质上改变花粉的营销模式，反而进入了保健品的“死海”。国内市场保健品市场竞争激烈，与众多的美容养颜保健品竞争，很难上量，不上量就不可能实现高销售额。看一下保健品市场，单品做到 10 亿元以上的销售额，无疑于神话。

许多不眠之夜的讨论，几个项目组成员，不停地喝着咖啡、红茶提神；讨论中感觉思路没出来，咖啡却消费了许多包。大家戏言，如果花粉能像咖啡一样喝，说不定也能卖疯了。

像咖啡一样，一个不经意的交谈，忽然给项目组蹦出一个朦胧的想法。花粉能不能像咖啡、红茶一样，做成快消品呢？快消品的市场份额，远远大于保健品。

史玉柱的黄金酒如果当保健酒卖，保健品市场每年也就 30 多亿元的份额；而把黄金酒定位为白酒就把其放到一个年 2000 多亿元的白酒市场中。把保健功能作为差异化区隔，无疑成功的机会就几何式放大。

中国目前拥有 2 亿多白领女性，每天都会在办公室饮用 3~5 杯冲泡饮品，因为主打“速溶咖啡”概念，雀巢咖啡在中国年销售额突破 70 亿元；因为“方便、时尚”的特点，立顿红茶在中国市场年销售额达 26 亿元，成为白领女性的首选办公饮品；它们培养了白领女性日饮 3 杯的习惯后，造就了 200 亿元的快消饮品市场，也使自己迅速成为行业巨头。

析易国际认为，颐寿园的花粉，完全可以利用超限的思维进行革命性的改变。花粉市场要想做大，选择快消品的市场进行类别突破，将花粉与现有快消品类别中已知的、被大众普遍认可的产品形态结合，如果以美容养颜的功能提升该类别的服务，这样不就是开创一片以花粉为原料的蓝海市场吗？

有了好的策略、好的想法，析易国际第一时间与专家、技术研发队伍沟通，“速溶性态花粉”如何可以实现？为了解决技术“瓶颈”，颐寿园引进了国际顶级生产工艺和设备、科学规范的经营管理体制。并聘请了原中国农科院蜜蜂研究所的资深研究员袁耀东教授为总工程师，全面支持科技攻坚研发，经过科技攻坚，而且为了保证产品的品质，颐寿园选用的原料均采用云南原生态有机养蜂基地的荷花、茶花、野玫瑰等具有养颜效果的优质花粉。

经过多方努力，颐寿园终于推出全球首款花粉即溶饮品。既然确定养颜为功能区隔，最终企业选择“仰妍”作为品牌，而且一期产品就开发出“原味、可可味、橙味”三种口味，全方位满足白领女性需求。革命性的产品光彩诞生了，接下来该如何才能迅速引爆市场呢？

三、牵手“乔妹”，势在必得

对于新的品类产品，在入市之初，我们认为迅速提高知名度比美誉度更重要。如何才能快速建立“仰妍即溶花粉”的品牌知名度呢？析易国际的观点是，在中国市场快速建立品牌知名度的重要手段之一就是明星代言。

有了明星代言，一是可以很快提升广告的关注度和记忆度；二是能够在目标人群中造成强势品牌的感觉；三是明星代言所带来的声势，不仅可以显示企业的决心与实力，更能极大地促进渠道分销和终端铺市。

企业完全赞同明星代言方案，“仰妍即溶花粉”的明星代言人用谁呢？经过筛选国际巨星宋慧乔进入了大家的视线。作为兰芝、玉兰油、夏士莲、步步高、

Levi’s 等国际品牌的代言人，宋慧乔在国内白领女性中，具有极高的品牌影响力和时尚号召力，这正符合仰妍的目标消费人群，也非常吻合品牌调性；另外据调查，宋慧乔在饮品领域的代言目前还是空白。

方案很快就获得通过。从创意到制作，以功能为主诉求的“飞机篇”也经过多次磨合后拍摄出炉。飞机上一个空姐推着饮料车，走到宋慧乔面前时，穿着时尚、气质高雅的宋慧乔提出让空姐帮她冲一杯“仰妍”，在众乘客好奇的瞩目下，宋慧乔一边品着“仰妍”，一边飞出宋慧乔的画外音，“承诺 + 功能”把明星用到了极致。

现在营销工具已备好，钢枪已擦亮，如何杀向市场呢？切入的市场选择哪里呢？通过对几个备选城市的目标人群、市场容量、当地媒体、渠道资源、市场影响力等方面全面深入的调研和分析后认为，北京作为颐寿园的总部，更易于市场运作及统筹管理；十余年的市场培养，颐寿园在北京已经有一定规模的销售渠道及销售队伍；并且负责全案策划的析易国际的总部也设在北京，更易于就近服务支持。最终选择北京作为样板市场，进行“仰妍即溶花粉”的启动区域。

在样板市场的推广策略上，析易国际认为，只有超越饮料常规打法，极致化广告投放，创造相对优势，进行营销创新，才可能实现。经过连续数夜的思想碰撞，析易国际为“仰妍即溶花粉”策划出一系列市场运作策略，广告以公关活动为主，利用持续不断的公关活动，通过各种手段与人们内心意识进行联系，赢得消费者对“仰妍”的热爱，树立品牌形象，产生知名度，实现目标最大化。

在强大的明星效应、强有力的市场支持下，“仰妍即溶花粉”在北京一经上市，就很快获得广大白领女性的青睐。部分超市终端很快出现卖断货的情况，以至有些连锁超市自愿降低终端费用，欢迎“仰妍”上柜台。现在不仅喝“仰妍”成为了首都许多白领的一种时尚，连宋慧乔说的广告语“女人要仰妍”也成了流行语。

四、体会

从品牌塑造到样板市场热销，对于一个新品来说，仰妍只是取得了阶段性的胜利，打赢了第一仗。但“仰妍即溶花粉”的品牌之路无疑还很长，成为世界知名品牌，扩大花粉市场整体消费容量，我们深知还有很远的路要走……

回顾这一段对于“仰妍即溶花粉”的策划，我们认为对“仰妍”的策划，主要贡献在于：析易国际第一次摒弃了花粉长期以来的保健品定位，通过“即溶花粉饮品”的品类创新，把一个保健品策划成了快消品；通过养颜的功能性区隔，杀入快消市场，实现行业漂移。这样，不仅占领了行业的领导品牌地位，更为以后推出其他产品预留了空间。

颠覆传统的自定义渠道

恒基伟业，一个响当当的老牌企业，曾经创造过“商务通神话”，创造了让一个品牌“商务通”成为整个 PDA 行业代名词的营销奇迹。但“商务通神话”只维持了短短几年时间。经过若干年的阵痛，商务通老板张征宇毅然决定利用企业品牌资源进军手机行业。

当时，一无手机品牌号召力，二无手机推广销售渠道，三无充裕资金支持，商务通苦心研发的商务通手机，有什么资本在这个竞争早已经白热化的手机行业亮剑？就算亮剑不难，市场又在哪里？

没有足量的广告营销资源支撑，经销商为什么要卖你的手机？

没有足量的品牌市场号召力，消费者为什么要买你的手机？

这一切的一切，都是商务通手机乃至所有国产手机共同面临的市场难题。

但是，商务通手机还没有品尝手机市场的真正苦果，怀着一份美好的理想。

一、一个不速之客的造访

一天，一个神秘人物突然造访析易国际。来人并未像往常的客户一样自报家门，而是不断地问各种问题，对手机市场的看法，对消费电子产品的看法，对实效广告的看法，颇有点中央台《面对面》主持人王志的风范。在双方恳谈了近 3 个小时后，神秘人物终于揭开神秘面纱，来者名头可谓不小——原丝宝集团营销总监、现恒基伟业的市场总监齐文胜。

齐总是典型的湖北人，精明强干，当年在丝宝集团时，以著名的“终端拦截”模式，让丝宝集团的舒蕾洗发水异军突起，红遍全中国，着实让不可一世的宝洁难受了好几年，为中国本土日化企业在竞争激烈的突围中创造了一个光辉的典范。此次齐总临危授命，担任恒基伟业的市场总监，就是要为恒基伟业的新产品商务通手机找到出路，在竞争更加激烈的手机行业找到突破口，使商务通手机成功进入市场。

二、“商务通”神话

恒基伟业在中国的营销行业，可谓是一家大名鼎鼎的企业，旗下品牌“商务通”更是家喻户晓，直到现在，“呼机手机商务通，一个都不能少”和“科技让你更轻松”，还让众多的营销人和广告人津津乐道。其创造的“小区域独家代理制”，也已被众多行业借鉴和效仿。

更值得一提的是，恒基伟业创造的商务通神话，已成为众多商学院的经典案例，上市当年，狂销100万台，创造了7亿元的销售收入。这个纪录，在国内电子产品行业，恐怕至今难有望其项背者，在普通消费者眼里，“商务通”俨然成为“PDA”产品的代名词：只知有“商务通”，不知“PDA”为何物。恒基伟业的老板张征宇博士，也因此荣幸地当选为全国政协委员。用一句话概括，恒基伟业在不断地创造着奇迹和辉煌。

“没有永远不变的辉煌，只有永远不变的创新”。这句话用在恒基伟业身上，是太合适不过了。即便是如此的辉煌，在风起云涌、瞬息万变的消费电子产品市场，商务通和它所在的PDA行业，还是无情地被功能更全面的手机逐步替代了。

短短的三年时间，商务通从无到有，从高峰到谷底，就像过山车一样，令人不禁欷歔。企业如果没有创新意识，等待恒基伟业和商务通的，一定是死亡。幸运的是，恒基伟业和张征宇博士本人，对此都有清醒的认识。“商务通手机”便是他们看到手机和PDA融合的技术趋势后投入巨资研发的新产品。

三、商务通隐形手机的“蛟龙之困”

商务通隐形手机F6，是恒基伟业斥4亿元巨资研发出来的新产品，整个恒基伟业对这个产品充满了期待，换个角度讲，商务通隐形手机F6担负着整个公司二次振兴的重担，只能成功，不能失败。

但是，商务通手机想从竞争激烈的手机市场中突围，又谈何容易？接踵而来的便是以下“四座大山”。

（一）第一座大山：缺乏资金

巧妇难为无米之炊。经过几年的裹足不前，恒基伟业的商务通掌上电脑销售基本处于停滞状态。其他如“记忆宝”等产品，在营销上并未有任何起色，也已基本放弃。也就是说，这几年，恒基伟业的现金流已经断流。而且不得不提的是，与中国大部分企业不同的是，张征宇本人非常重视研发。可以说，商务通前期赚取的利润，绝大部分都投入到了研发。

虽然商务通当初的成功靠的就是营销，但张总本人并不像其他企业一样，对营销一味迷恋。也正是因为这样，也造成了在商务通手机的营销资源上几乎没有什么预留，营销资金捉襟见肘。

众所周知，手机行业，无论是研发还是销售，都需要大资本运作。没有资金，商务通手机想取得入市成功，无疑是个巨大的难题。

（二）第二座大山：没有渠道

对于手机这种大众消费类电子产品，渠道的重要性不言而喻。再好的产品，没有与消费者见面的机会也是徒劳。商务通以前的代理商，基本采取专卖店和商场专柜形式，这些渠道并不支持手机的销售。假如用这些渠道销售手机，几乎就是自己把自己冷落在手机主流销售渠道之外。商务通手机作为一个新手机品牌，要想让手机主流的渠道商认可，产品单一、没有大广告支持，谁会买账？

商务通现有的销售渠道不支持手机销售，又难以进入手机主流销售渠道，这就像两只手死死地卡住了商务通手机的脖子，令其憋闷。

（三）第三座大山：产品配置较低

就该手机的硬件配置而言，商务通隐形手机 F6 的配置较低，但是商务通手机存储容量，与其他同等价位的手机2M内存相比，已有天壤之别。除此之外，商务通手机在产品属性上优势不明显。

这样的配置，如何与传统手机相媲美？在配置日新月异的手机市场，这样的手机会有市场吗？

（四）第四座大山：商务通手机进入的是一个狼烟滚滚的红海市场

当初商务通掌上电脑所进入的是个新兴市场，或者说是一个尚未经过市场大战的硝烟洗礼过的弱竞争行业，而这次进入手机市场与商务通掌上电脑相比有着天壤之别，当初商务通掌上电脑一进入市场就成了渠道运营商家的宠儿，其他劣势都可以借助经销商的资源加以弥补。在一个弱竞争行业，只要你能站在潮头，你就是该行业市场标准的制定者。而在竞争已经进入白热化的手机市场，商务通隐形手机就是个难入行的小弟，连跟在真正的大哥屁股后面混的资格都没有。

有条件要上，没有条件创造条件也要上。这是中国人骨子里恒久不变的法则。

条件如何创造？用什么来创造？当这个难题出现在析易国际面前的时候，析易国际给出了一个坚定的回答：专业的营销智慧。

四、三天三夜和700万元

在接手商务通手机策划案的当天，析易国际内部连夜紧急召开会议讨论。

这确实是个特别棘手的案子。面对难题，大家都冥思苦想，但找不到任何突破的希望。策划会上，很多人不免流露出悲观情绪。按照析易国际的运作规则，首先内部对项目进行可行性分析，如果结论是项目不能做，客户即使给再多的钱，析易国际也会拒绝。

在会议进行到最苦闷的时候，有人提议，边喝酒边想。几瓶啤酒下肚，大家的思路在酒精的催化下开始无目的的迸发，然后逐渐向可行性靠拢，就在这你一言我一语之中，整个案子的初步思路开始逐渐浮出水面。不知不觉，整个策划案讨论了一晚上。

早晨七点了，大家带着些许的满意回家睡觉去了。

中午，商务通公司的齐总来电话，希望析易国际派人去兰州参加商务通手机的招商大会。没睡几小时的负责人便亲自带兵坐上了飞往兰州的飞机。

飞机上，负责人一直在闭目沉思，把夜里大家讨论出来的各种观点一一加以取舍，把商务通手机的上市机会点、策划亮点不断地加以完善，当他走下飞机的时候，一个商务通强行进入传统手机市场的破冰策划方案框架已经在脑子里基本形成。

从运作市场这么多年的经验来看，他相信这个方案框架能够说服经销商进货，因为从市场营销推广的角度来分析，这个市场营销推广方案较为可行。

当天晚上，商务通集团高层领导和核心代理商成员开会前会，讨论商务通手机的市场前景。会上，代理商面对这款看似笨乎乎的商务通手机实在是看不出市场盈利点在哪儿？因此乐观者少，悲观者多。

按照析易国际的运作规程，在策划案没有系统完成前，析易国际不会过多透露相关的内容。但面对眼下这种情况，在商务通公司的领导不能给代理商一个强有力的代理产品的理由的会议中，在代理商们自己找不到代理这款产品的理由的前提下，整个的招商就会陷入僵局。这个时候，析易国际的策划思路就成了改变会议进程的关键。析易国际负责人把对商务通手机的基本营销策划思路讲出来，会议的气氛开始发生转变。随着负责人的不断陈述，代理商的疑问渐渐地少了，不少代理商开始凝思、点头，代理商务通手机的信心在不断增强。

当负责人陈述完毕以后，商务通手机这个平民出身的灰姑娘似乎成了即将嫁入豪门的大美人。

最后众多的商务通与会核心代理商们基本达成了一致：首先试销这款商务通手机。

有了这样的基础，各种各样的讨论话题接踵而来。代理商们巴不得在这一时间内解决心中所有的疑问，以确保通过代理这款商务通手机获取滚滚的财源。最后会议开到了凌晨两点多，大家才满意地离开。

第三天，商务通手机招商大会召开，在老经销商的带动下，大会开得比较成功，当天合同回款 700 万元。从数字来看，尤其是对恒基伟业这样的公司来说，这些钱远远解决不了根本问题，但总算是建立了良好的“手机事业”开端。

负责人当天下午赶回北京，组织析易国际策划人员连夜召开会议。负责人首先简短地向大家通报了会议情况，针对招商会上代理商们提出的问题，展开一轮又一轮的讨论。

当太阳出现在中国版图地平线上、国旗班的战士们在国歌声中把五星红旗升到天安门广场上空的时候，析易国际关于商务通手机的完整而清晰的营销策划上市推广方案大框架完成。

策划人就是这样的一群人：他们每天面临的都是一些近乎无解的市场营销难题。但是他们总能够用自己的专业智慧在不断的碰撞中闪出灵感的火花，用这些智慧的火种点燃即将到来的巨大市场空间的礼花，然后和商家一起品味市场操作成功带来的喜悦。

“当你超越不了的时候，一定学会区隔”！

这是析易国际负责人经常挂在嘴边的一句话。面对强大的竞争对手和企业当前的状况，析易国际为商务通手机制订出一套“超限营销差异化推广市场启动方案”。

首先，在产品概念定位上要和传统手机进行严格的区隔。通过超越传统手机的概念局限，对商务通手机进行重新定位，把商务通手机的隐形功能作为产品的独特卖点，并通过包装这一卖点，强化出拉动市场所必需的产品市场穿透力。

产品在研发时，商务通手机研发人员看准了传统手机在信息安全上的漏洞和隐患，因此，商务通隐形手机 F6 把产品定位为“信息绝对安全的手机”。

光有独特的定位是远远不够的。在竞争激烈的手机市场，消费者会不断地拿商务通手机和其他品牌的手机进行对比。消费者是站在传统的角度以传统手机灌输给他们的概念去找出你的弱点。在别人坐庄的赌局里玩牌，你包赢的概率根本就不存在。

五、给竞争对手进行“劣势定位”

比如好记星面市时，自己以“英语学习机”定位，其他竞争对手则被定位为“电子辞典”只能用来查个单词，把竞争对手描绘成“落伍、消极、被动”的产品形象，从而使好记星迅速占领了市场。

不破不立。想要立“信息安全手机”，必须把传统手机在这方面的劣势提醒给消费者，从而成功地把传统手机的品质优势、品牌优势、售后服务优势尽可能地化解掉。只有这样，才能不得不给你腾出一定的介入市场的空间。

传统手机的最大弱势在哪里？经过反复的论证，“裸体手机”便成了析易国际重重地扣在传统手机脑门上的大帽子。

“你现在用的是裸体手机”，你用裸体手机，你的一切就统统是透明的，毫无个人隐私可言。电话本、短信、通话记录，最应该个人化的一切的一切，在手机被人故意翻看甚至不小心丢失后，都将尽收他人眼底。

在日益关注个人信息安全的今天，谁会无视个人隐私被曝光，而继续热衷于自己目前正在使用的“裸体手机”?

“优势劣势可以互相转化，只要改变一下条件和前提。”

市场销售渠道差异化。既然打不进手机的主流销售渠道，只好将计就计，在主流销售渠道之外建立新的渠道，并加以重点强化。当然，这样做要给消费者一个令人信服的理由。

信息安全手机的目标销售对象是生活事业较为成功、更加在乎个人信息安全的消费人群。他们可能是政府领导、商务人士、演艺界名流等。针对这个目标消费人群的特点，商务通手机的渠道策略是：各地只设 1~3 家 VIP 体验中心，在中心内给这些成功人士提供细致周到的服务，让这些成功人士享受到“我自尊贵”的荣誉感。

现在的成功人士购买产品的核心要素是什么？品质最好的产品？价格最贵的产品？品牌最响的产品？都不是。他们选择产品的第一要素是“身份感”。他们往往选择那些最能够体现他们身份的产品！买一部手机，让他们到专门的 VIP 体验中心享受到周到细致的服务，这种高端人士希望：只有自己才有权享受的高端体验，在闹哄哄的手机卖场是无法体验到的。

一把舒适坐椅，一杯水，服务员耐心周到的讲解，一次手把手的功能演示，友好的微笑，真心的承诺，善意的劝购，这一切都使购买者深切地感受到消费者就是商家眼中实实在在的上帝。

经过析易国际的大胆智谋策划，商务通手机本来在销售渠道上的劣势，反而成为一种近乎完美的优势。析易国际通过针对目标消费对象的具体情况，通过把“手机卖场卖手机”这一前提改变成“商务通手机 VIP 尊贵体验”，商务通手机成功地完成了销售渠道的劣势优势转换的过程。

“没有报纸不快，没有电视不大。”

这是析易国际根据诸多案例总结出来的一条营销法则。

传统手机的销售模式是“品牌加通路”，做品牌就是高举高打，在电视黄金时段播放“硬广告”，在这短时间内，把产品的基本功能属性、品牌信息传达给消费者，这需要企业储备足够的资金。商务通手机广告资源有限，做不起这样的广告。在跟析易国际合作后，析易国际也不推荐一开始就做这种硬广告。理由是：如果没有完善的销售通路配合，这样做很难起到产品上量的市场效果。

媒体的被关注度及覆盖区域的大小决定了它的广告价格。在产品销售网络尚未健全，还不能遍及目标销区的所有广告受众的时候，特别是产品入市初期，要想快速地启动市场，报纸是最好的广告媒体。用报纸启动市场速度较快，而且成本相对较低。随着销售网络的建立，产品上市成功需要放量的时候，电视广告的性价比才能达到最大化。

广告表现实现差异化。经过和恒基伟业的一番讨论达成一致，用报纸广告启动市场。这里所谓的报纸广告，是析易国际借鉴和使用了医药保健品广告手法的广告。

经过一个星期的紧急创作，析易国际为商务通手机创作了系列报纸广告。用医药保健品报纸广告创意模式卖手机，是手机广告发布形式上的一个突破。商务通手机利用这种广告形式打响了进入市场的第一枪。

六、弹无虚发，大获全胜

首先从兰州、昆明、沈阳等城市，陆续开始启动市场，令人意想不到的是，商务通的手机广告竟然成为街头巷尾议论的话题。咨询电话一个接一个，上VIP 体验中心的人也是络绎不绝。

正如析易国际的定性分析结论那样，这些消费者对价格并不敏感，进入

VIP 体验中心首先要求演示功能，演示完马上掏钱埋单。VIP 体验中心内的服务人员，讲解一天下来，嗓子都哑了。就连出租车都知道商务通手机 VIP 体验中心的地址。只要告诉出租车司机要买商务通手机，他就能准确地把消费者送到 VIP 体验中心。

一款国产手机上市能引起如此的轰动，确实是个奇迹。

前期几个市场成功启动后，衡水、运城、石家庄、厦门、呼和浩特等城市相继启动，商务通手机成功切入了市场，迎来了开门红。

经过几个月的市场运作，恒基伟业首批生产出来的商务通隐形手机 F6 销售火暴，很多地方甚至开始断货。

这样结果的出现，虽然是在析易国际的预料之中，但当预期变成现实的时候，大家才有了真正的胜利感。

七、商务通手机，有染特殊渠道

更令人惊喜的是，在实际销售中出现的两种新情况令人始料未及。

一是要求上门的客户非常多。许多对商务通感兴趣的客户，纷纷表示没时间去 VIP 体验中心，要求 VIP 体验中心派专人送货上门。这部分客户占的比例还非常大，这引起了我们的注意。

抛开现象看本质，商务通手机的消费者，基本都是社会的成功人士，这部分人时间确实宝贵，属于“有钱没闲”一族，而且在电话的一端要求“送货上门”更能体现他的尊贵感。

二是一人购买多部的客户多。定量调研后发现，原来很多客户发现商务通手机确实好用，就多买几部送给朋友、客户等。对定量数据定性研究后得出的结论是：这里面蕴涵着巨大的商机。因为商务通手机能够满足中高端成功人士的礼品购买需求。

商务通手机靠报纸启动市场，速度快但想上大量确实不容易。再加上商务通隐形手机首批产品配置低、外观差，急需升级换代。因此，在蛰伏几个月后，商务通终于推出商务通 F8，配置、外观和功能都比 F6 有了质的改变。商务通 F8，注定要成为恒基伟业在手机市场大发展的奠基之作。此后，经过析易国际的策划、引荐和撮合，商务通手机与橡果国际实现了合作。商务通手机是析易国际第一个策划用电视直销的模式来销售的手机产品。析易国际的策划为国产品牌的手机“市场突围成功”杀出了一条血路。商务通手机成为又一个被纷纷模仿的成功案例。

八、商务通引发国内电视直销商家销售国内品牌手机狂潮

电视直销模式，直接将渠道和广告合二为一。商务通手机采用电视直销模式，既避免了其在渠道上的弱势，又在传播上做出了差异化，同时满足了目标消费群“有钱没闲”的目标消费人群“送货上门”的需求。而送货上门恰恰是电视直销的特点和优势。

商务通手机的电视直销片在几家卫视开播后，销量就像插了翅膀一样，节节攀升，市场的火暴程度，超出所有人想象。仅第一个月，就销售了 6000 多部，全年累计销售了 50 万部，销售收入 10 亿元。

“商务通是国产手机突围的一个光辉榜样”，国内某品牌手机的老总如是评价。

榜样的力量是无穷的。金立、CECT、TCL、长虹、海尔等手机品牌随后纷纷效仿和各地的电视购物商合作。甚至像中国联通这样的航母企业，也借鉴电视直销的模式，在电视上向人推荐起它的“双模双待”手机。

九、尾声

“帮助别人成功”是析易国际的运营理念，在商务通手机身上，这一理念同样被展示得淋漓尽致。析易国际的超限营销策略，导演了一场国产品牌手机“以小搏大”的精彩大戏，商务通手机也借此化蛹成蝶，一跃升空并大获全胜。

因为成功导演这场国内手机行业的经典大戏的析易国际在电子产品营销行业界赢得了更为广泛的赞誉。

第十六章　潮流有染，体验当家

——盈利型体验中心，引导世界新时尚

体验经济被称为继产品经济、商品经济和服务经济阶段之后的第四个人类的经济生活发展阶段。各种“体验中心”雨后春笋般建立，体验的核心点就是让产品自己说话。

为了吸引目标受众的积极参与，免费体验几乎成为所有企业的选择。很多管理者或营销专家都认为，体验中心不该盈利，甚至不该卖产品。基于这种理念，绝大多数的体验中心都是“成本中心”而非企业的“盈利中心”。

然而我们研究发现，近年来少数企业的杰出实践证实，“盈利型体验中心”更能赢得消费者的追逐和忠诚。如何把“成本中心”变成“盈利中心”呢?

“盈利型体验中心”，体验经济的极致演绎

由约瑟夫·派恩和詹姆斯·吉尔摩合著的《体验经济》在1999年出版时，所提出的“工作是剧场、生意是舞台、产品是道具”的理念，得到人们极力的认

同与推崇。

什么是体验经济呢？它是指企业以服务为重心，以商品为媒介，以体验为基础的生产及经营活动。消费者在注重产品质量的同时，更加注重情感的愉悦和满足。体验经济凸显了企业以人为本的经营理念，我们称为“消费者主权”。

“盈利型体验中心”能提供更多值得回味的情境和感觉，给了消费者更多“心理需求”的满足；使消费者在消费商品时留下美好印象，建立消费者的品牌忠诚，从而提升品牌知名度及美誉度。毫无疑问，同时也拉动销量的增长。

吉尼斯啤酒的销售曾一度下滑濒临死亡边缘，2000 年以来销量下降超过了约 20%。在这种情况下，吉尼斯以人为本通过兴建一个盈利型体验中心“吉尼斯啤酒坊”带动了消费，从而帮助品牌起死回生。

“吉尼斯啤酒坊”是一幢砖结构的 7 层小楼，需要花钱购买门票才可入内。在顶层的酒吧和餐厅，需要花费 30 欧元左右才能享受到一顿由吉尼斯啤酒烹调的特餐。在一楼的售货店里，除了价格不菲的啤酒，还有带吉尼斯标志的各种服装、领带、打火机等衍生产品出售。在这个“盈利型体验中心”里，最吸引人的地方就是它能紧紧抓住体验者的好奇心：“一杯啤酒是从何而来的？”由吉尼斯发酵工坊原址改建而成的“吉尼斯啤酒坊”，通过对酿造过程的仿真模拟，让人们亲眼目睹酿造黑啤的过程；然后体验者可以亲自从啤酒桶中，按照复杂的工艺为自己斟上一杯啤酒。另一个独特之处就是让体验客人像啤酒服务生那样将杯子倾斜成 45 度角，从桶里倒出四分之三杯黑啤，等待气体排出后，再竖起杯子完成斟酒；体验者可以为此领到一张署上自己名字的斟酒资格证书。

“吉尼斯啤酒坊”的主题称为啤酒爱好者的朝圣之旅。全世界的啤酒迷来这里就是为了体验这种独一无二的娱乐、美食和知识。体验虽然需要花钱，但能够充分获得一种愉悦和满足。所以，自 2000 年开放以来，这里接待了 400 万名游客，2008 年旅客数量已跃升到 100 万人/年。“吉尼斯啤酒坊”建设成本为

3000 万英镑，而一年的门票收入和餐厅销售收入相加就能超过 4000 万英镑，这还不包括酒吧夜间营业、卖衍生品和出租场地的收入。“吉尼斯啤酒坊”让每一位参观者“花钱”大享美食和 DIY 斟酒的生动体验，不仅赚了钱，也赚了人气。在最新发布的 2008 年财报中，吉尼斯在欧洲的销售额平均增长 3%，全球的销售收入却增长了 6%。

在“盈利型体验中心”里，人们对价格已经变得不再敏感，产品或服务所带来的心理上的效益，占据越来越重要的位置；所以“盈利型体验中心”远不止是简单的感受产品和服务，它通过提供多彩的活动，给了消费者一种感觉，一种情绪上、体力上、智力上甚至精神上的体验。它是对体验经济惟妙惟肖的极致演绎。

多个领域的辉煌业绩

在德国豪华车竞争日趋激烈之际，“宝马”建筑了一栋面积达 7.3 万平方米的“宝马世界（BMW Welt）”；“保时捷”也在斯图加特建造了一栋属于自己的汽车博物馆。在零售业领域，耐克勒布朗体验中心在北京 798 艺术区的 Nike706 创意空间开放，球迷可以在超酷室内场，体验像小皇帝一样打球的感觉，甚至可以搞自己的篮球主题生日 party。

在医药保健品领域，“神舟三号”天愈口服液是个治疗肿瘤的“太空药”，析易国际在为其提供策划方案时，也采用了“盈利型体验中心”模式，颠覆了传统的“走医院、上专柜、铺终端或开会销”的营销老套路。

老套路已经不能满足消费者的需要了，在这个行业里似乎所有的营销手段都用尽了，也用滥了。消费者渐渐对“全新定位、独特概念”产生了疲劳和免疫，也慢慢习惯了“恐吓教育、专家证言”等营销手段。创新势在必行。析易国际为其打造了一个集太空科技研究、成果展示、太空生物制药、特色健康诊疗、太空产品销售、疾病康复服务等为一体的全新健康服务模式，也就是“盈利型体验中心”。通过这种模式不仅实现了销售盈利，而且还创造了没有竞争对手的特殊终端，当然也不必再花进场费、条码费等霸王费用；最关键的是通过太空成果展示等丰富了体验内容，扩大了品牌内涵，成为目标人群争相渴望来到的地方！

在快速消费品领域，奥运期间，可口可乐在奥林匹克公园中心地带建立的“可口可乐畅爽体验中心”占地4000平方米，前来观看奥运比赛的观众可以凭奥运门票免费入内参观，其本质上也是一个“盈利型体验中心”。

在体验区内，“畅爽奥运路”让体验者深刻感受到更高、更快、更强的奥运精神；“奥运时光画廊”仿佛和已携手奥运80年的可口可乐一起，穿梭在时光隧道，共同回顾和体验奥运历史上凝聚了拼搏、泪水、欢笑、夺金的一个个精彩瞬间。“中国心影院”内堪称可以和好莱坞大片媲美的奥运短片，令每一个现场观众的激动、喜悦之情油然而生；踏上“奥运圣火之旅”，仿佛又亲临了圣火在各地被点燃、被传递的盛景；在可口可乐“冰爽吧”让所有游客在炎炎夏日感到冰爽的同时又体验开心、畅快的感觉；这些都是需要花钱的。“可口可乐畅爽体验中心”还有更多的奥运精彩，在奥运会期间预计共接待了游客约25万名，其丰厚利润可想而知。

百事可乐曾在京沪等地的步行街围起一块地方，搭了个临时的帐篷，帐篷不是普通的那种，而是带有品牌联想造型的，百事可乐LOGO，色彩耀眼夺目，谁想进去都得买门票，里面有啥呢？当然是喝百事可乐；还有各种好玩的游戏；还有演出及售卖一些印有百事可乐相关标志的纪念品；其中重要的一环是请代言人出席活动，这是百事可乐的一个临时性盈利型体验中心，不是永久性的。

在酒店业，每年都会有几家外资品牌的星级酒店要建“临时性体验中心”搞活动。在院子搭起帐篷来，摆上长条椅，德国人的那种长条椅；一排桌子一排板凳，围着一个小台子；然后请代言人来跟顾客见面，请乐队表演；这种形式都是“盈利型体验中心”。每一次体验活动都吸引了住店客人与外部客人，酒店的收入与知名度、美誉度也得到不断提升。

在娱乐业领域，投资 31 亿美元的中国香港“迪斯尼”，本质上就是一个“盈利型体验中心”，如今“香港迪斯尼”财富等效应的“井喷”，无不源于策划与经营者对体验的深刻理解。“想象工程师”们让游客沉浸于一个梦幻王国，通过消费者亲身的兴奋体验来大获宠幸，而所有这些体验无疑都是需要另外收费。迪斯尼不断将本土文化与理念融入游乐的各个层次与环节当中，让消费者在欢乐的同时更有宾至如归的感觉。更“致命”的一招是，迪斯尼更注重顾客体验的细节服务，比如通过婴儿护理、笑容服务等，使得游客们放松、再放松，当其达到一种忘我的状态时，也正是迪斯尼财源滚滚时。

在厨具行业，十八子公司建成的“中国菜刀中心”也是一个盈利型体验中心。消费者在中心可以选购各式刀具，但十八子公司创建之初就把“中国菜刀中心”定位为旅游中心。在这里可以观生产流程，精选靓刀，还可以吃到本地特色小吃，如炒米饼、豆豉、益智果等。在进行愉悦的旅游体验中，消费者都纷纷解囊购买各种精美刀具。

目前“体验中心”正在娱乐业、零售业、快速消费品业、餐饮酒店服务业、汽车制造业、PC、家电业等行业及国内外手机终端等厂商中开始应用。如娱乐业中的环球嘉年华；零售业中的宜家、塔吉特；快速消费品业的雀巢；餐饮、酒店服务业的希尔顿；汽车制造业的奔驰；PC、家电业的惠普；手机终端厂商中的索尼爱立信等，举不胜举。尽管其中不乏成功应用“盈利型体验中心”的先行者。但是，“盈利型体验中心”的价值和意义却还没有被各行业充分挖掘。

超限营销，“盈利型体验中心”模式的成功关键

“吉尼斯啤酒坊”的成功提供了一个启示，为了增强“盈利型体验中心”对体验者的吸引力，它把品牌嫁接到另外的产业上。“吉尼斯啤酒坊”一开始便定位于旅游中心，把本属于饮料产业的啤酒嫁接到旅游业中，从而能提供更多精彩、生动的内容。这种营销我们把它称作“超限营销”。

所谓超限，是指超越所有被称为或是可理解为界限的东西。超限营销就是超越现有营销条件局限，丰富并整合企业可利用资源，使营销资源与企业其他资源相匹配的一体化运营，追求企业综合资源效能最大化发挥。

“香港迪斯尼”是香港政府在城市经营过程中，开发的“盈利型体验中心”，是一次城市经营的延伸；这种“以迪兴城”策略也是香港政府运用超限营销的思维创造出的硕果。通过超越传统手段，将持续疲软的经济拖出了泥淖，从而达成了多方共赢。

“宝马”是将体验中心和社区服务中心相结合，不仅有新车交付中心、设计工作室，还为当地社区提供了画廊、休闲酒吧等设施，正是这种“超手段”的组合，让消费者互相成为朋友，新产品自然也口口相传。

还有“百事可乐”及“星级酒店”等临时性体验中心，都是通过超限营销，整合多种娱乐手段，丰富了体验内容，从而获得了成功。

反过来说，不成功的体验中心却往往很局限。比如，投资近千万元的国内首家 UC（统一通信）体验中心——“思科—神州数码统一通信体验中心”，它的

体验中心被划分为“家庭区”、“工作区”、“远程办公区”、“酒店区”四个富有针对性的体验区。

在家庭体验区，通过IP通信系统，人们可以控制室内灯光的照明情况、窗帘的开关，可以查询天气、预订披萨，甚至可以利用IP电话进行银行转账、股票或基金操作。一部IP电话的多功能集成，使智能化家庭变得更为简单。

在办公体验区，IP电话可以集成手机、IM、邮件的所有通讯录，还可以提供语音呼叫、日程提醒、桌面共享等功能。在远程办公区，可以邀请不同地区的客户加入到视频会议中，节约交流成本；当用户需要外出公干时，只需在异地分公司的IP电话上输入用户名和密码，就可以将这个IP电话变成自己的移动分机。

在酒店区，如果入住酒店，酒店的IP电话可以充当导游的角色，进行机票预订、景点介绍、购物指南等。

看似很合理的体验安排，比较可惜的是，统一通信体验中心局限于本身固有业务，没有和相关的别的产业嫁接，无法丰富体验的内容，完全没有“消费者主权”。这必将导致门可罗雀，难以为继，沦为一种赔钱的“形象工程”。

析易国际策划的“神舟三号”天愈口服液的“盈利型体验中心”同样也设置了四大功能区，却取得预期的成功，原因就是通过“超限营销”思维，有意识地把不同手段组合起来的结果。

这样一个“盈利型体验中心”是集旅游参观、休闲娱乐、专家咨询及产品销售等为一体的中心，超越了普通的专卖店或类似的销售终端。通过这样一个基地的建立，相当于把研发中心和生产基地搬到了体验患者的身边，让其亲临太空制药研发、生产的现场，不仅解决了患者的信任问题，而且通过旅游及休闲等愉悦体验，为其带来了额外的收获。丰富的体验内容，使得在通过产品销售获得盈利的同时，也给前来体验的患者留下了美好印象。

成功的"盈利型体验中心"操作要点

各类家装体验馆面积从几百平方米到几千平方米不等，都以实景展示的方式模拟各种生活场景，让消费者体验身临其境的家居效果；消费者可以通过听、看、触、嗅，真切体验到自己"未来的家"。一定程度上，提升了企业的品牌形象，彰显了企业的实力，也提高了竞争的门槛；但八成以上的消费者对"馆"持观望态度，参与者寥寥无几；体验馆既吸引不到人，也留不住人。究其原因，主要有两点，一是几乎大家都在打体验牌，却都没有打好这张牌；二是只打产品体验这张牌，没有其他价值体验的配合牌。

宜家的体验馆就是众多家装、家具体验馆中的成功者。宜家的体验馆是如何操作成功的呢？首先宜家强烈鼓励消费者在卖场进行全面的亲身体验，比如拉开抽屉、打开柜门、在地毯上走走、试一试床和沙发是否坚固等，宜家出售的一些沙发、餐椅的展示处还特意提示顾客："请坐上去！感觉一下它是多么的舒服！"宜家的店员不会像其他家具店的店员一样你一进门就对着你喋喋不休，你到哪里他们跟到哪里，而是在另一边安静地登记或整理货品，除非你主动要求店员帮助，否则店员不会轻易打扰你，以便让你静心浏览，在一种轻松、自由的气氛中做出购物的决定。

其次宜家的工作不仅仅只把功夫花在现场的体验氛围之上，在人们日常的购物行为中，很多消费者都会被现场的感性信息所吸引，因此现场的体验就会影响到人们的购物决策。如何创造一种不同寻常的体验场景，宜家的做法是在体验中心引进餐饮消费，从而实现了家具与餐饮的超限营销组合，把体验馆变为“盈利型体验中心”。

在宜家的“盈利型体验中心”里，每天黑压压的人群在排队吃饭、买热狗、买冷饮等，当然这些都是需要花钱的。占地几百平方米的以餐饮为核心的消费，使“宜家”的体验中心的内容丰富起来，使仅仅随意逛逛宜家商场的顾客振奋起来。几年的运作，宜家让长久以来渴望自由消费主义的中国新兴中产阶级趋之若鹜。

“盈利型体验中心”是一种满足心理需求的产品或服务的营销活动，并要求这种活动本身从费用支出转变为利润获取。一个成功的“盈利型体验中心”需要开展以下工作：

1. 注重对消费者心理需求的研究和分析。当人们的物质生活水准达到一定程度以后，人们购买商品的目的不再是出于生活必需的要求，而是出于满足一种情感上的渴求；所以人们更关注体验中心与自己关系的密切程度，偏好那些能与自我心理需求引起共鸣的体验。

2. 注重产品的心理属性的开发。在目前这个个性化消费的时代，人们已经不再满足于被动地接受企业的诱导和操纵，而是对体验内容提出很多要求；能否很好地挖掘心理需求将是“盈利型体验中心”成败的关键性因素。

3. 进行精心的体验场景设置。在消费者到体验中心来了解的时候，现场的情景设置非常关键，体验式场景设置需要创造自由，并与产品属性关联的气氛。

4. 通过“超限营销”思维，丰富体验内容，是吸引消费者参与的关键。成功的“盈利型体验中心”体验内容都是很丰富的。通过超限营销扩大品牌外延，嫁接多种行业，主要是把旅游、餐饮、娱乐等东西都整合在一起，这是丰富体验内容的非常有效的方法。

5. 整合促销。这一环节的设计工作是使体验中心成为“盈利型”的关键所在。什么是整合促销？即在体验活动中将销售促进与品牌推广放在同等重要的地位并完美结合。众所周知，企业在促销的时候，常规的打折、降价、折券等让利的方式，对品牌会有所损害；而“盈利型体验中心”不仅解决了促销对品牌的损害可能，还加强了品牌推广。

综上所述，成功的“盈利型体验中心”往往利用“超限营销”，进行“行业漂移”；它超越了传统的限制、局限，甚至能做到超越极限，从而实现财富效应、品牌效应、人气效应的聚集。

“盈利型体验中心”模型，代表了下一步营销走向

美国的未来学家阿尔文·托夫勒预言：服务经济的下一步是走向体验经济，人们会创造越来越多的跟体验有关的经济活动，商家将靠提供体验服务取胜。数年的时间过去了，托夫勒预言果然变成事实。

以“消费者主权”为价值导向的“盈利型体验中心”，对于后现代的消费者而言将不再是基于产品功能的体验确认和区分，它将成为消费者生活舞台的主角，它淡化了消费者以价格为核心的单纯的利益需要，转向满足消费者的自尊和自我实现的需要，去实现产品销售；因为非物质产品的价值远比物质产品的价值要高得多，升值空间也大得多。

“盈利型体验中心”或许并不是一种攫取额外财富的方式，它只是将品牌价值和体验本身的价值融合，但从目前的趋势看，“盈利型体验中心”模式，无疑代表了新的营销走向。因为“体验中心”不仅是品牌的依附，更是一种深谙企业经营真谛的长远之计。

析易国际/蜥蜴团队简介

析易国际/蜥蜴团队，国内商业模式策划第一机构。创立于2001年，汇集国内外顶级策划人才和专家、学者，致力于全球最先进的商业模式研究和企业最有竞争力的商业模式创建与重塑。

为国内约500家企业提供商业模式策划、品牌构建、整合行销推广等咨询，从根本上解决企业竞争问题，帮助企业突破发展瓶颈、赢得改写行业格局的机会。

● 核心业务之“商业模式策划”——通过价值创造的系统逻辑，帮助企业实现顾客价值、伙伴价值、社会价值和自身价值。

● 品牌加速策划——以“创建差异，创造顾客”为导向，以“占据消费者心智资源”为目标，通过品牌定位策略，构建行业中的第一品牌或某个特定领域中的唯一品牌，加速品牌的成长。

● 整合行销策划——围绕企业资源，通过战略定位整合企业运营管理每一个环节，通过相关性、连续性的创新推广策略，与目标消费者建立有效沟通，提高品牌的知名度、美誉度和忠诚度。

曾辅助近30家公司在美国、韩国、中国香港和中国内地上市（橡果国际、汉王科技、哈慈股份、利君制药、亚泰集团、敖东制药、天方药业、天狮集团、云南白药、七星国际、辅仁药业、先声药业、陈李济、漳州片仔癀、特利尔医药、如烟集团、永业农丰、承德露露、金山大道等)。先后荣获“中国本土最具合作价值职业机构”、“中国十佳咨询机构”、“中国最具品牌价值咨询机构”等称号，众多策划案例入选中国“年度十大经典策划案例”，以模式创新影响及改变了中国十大行业：

1. 大众医疗器械行业，“哈慈五行针”创造“非黄金时段”传播模式；

2. 保健品行业，“V26减肥沙琪”招商模式成为保健品行业的里程碑；

3. OTC药品行业，“驱虫消食片”向快消品营销漂移成为行业标杆；

4. 学习机行业，“好记星”三年成为第一品牌，带动行业升级；

5. 厨具行业，“乐无烟”无油烟锅，创造厨具行业新品类；

6. 电子烟行业，“如烟”缔造全球电子烟的新行业；

7. 手机行业，“商务通”开创电视购物销售手机新业态；

8. 教培行业，“新思维”、“海陆空”及“一百易”等开创教培行业营销新模式；

9. 农资行业，“生命素”创造农资行业营销新模式；

10. 眼镜行业，“美丽岛”创新商业模式，扩大行业规模。